Duas solidões

Gabriel García Márquez
Mario Vargas Llosa

Duas solidões

Tradução de
Eric Nepomuceno

1ª edição

EDITORA RECORD
RIO DE JANEIRO • SÃO PAULO
2022

CIP-BRASIL. CATALOGAÇÃO NA PUBLICAÇÃO
SINDICATO NACIONAL DOS EDITORES DE LIVROS, RJ

G21d   García Márquez, Gabriel, (1927-2014)
          Duas solidões: um diálogo sobre o romance na América Latina / Gabriel
        García Márquez, Mario Vargas Llosa; tradução de Eric Nepumoceno. – 1ª ed. –
        Rio de Janeiro: Record, 2022.

          Tradução de: Dos soledades: La novela en América Latina
          ISBN 978-65-5587-235-4

          1. Literatura latino-americana – História e crítica. 2. Escritores hispano-
        -americanos. I. Llosa, Mario Vargas, 1936-. II. Nepomuceno, Eric. III. Título.

22-79023   CDD: 860-9
                                      CDU: 82-09(8)

Meri Gleice Rodrigues de Souza – Bibliotecária – CRB-7/6439

Copyright © Mario Vargas Llosa, e herdeiros de Gabriel García Márquez, 2021
Copyright © das fotos: Arquivo revista *Caretas*

Copidesque: Mariana Carpinejar

Texto revisado segundo o novo Acordo Ortográfico da Língua Portuguesa.

Todos os direitos reservados. Proibida a reprodução, no todo ou em parte, através de
quaisquer meios. Os direitos morais dos autores foram assegurados.

Direitos exclusivos de publicação em língua portuguesa somente para o Brasil
adquiridos pela
EDITORA RECORD LTDA.
Rua Argentina, 171 – Rio de Janeiro, RJ – 20921-380 – Tel.: (21) 2585-2000,
que se reserva a propriedade literária desta tradução.

Impresso no Brasil

ISBN 978-65-5587-235-4

Seja um leitor preferencial Record.
Cadastre-se no site www.record.com.br
e receba informações sobre nossos lançamentos e nossas promoções.

Atendimento e venda direta ao leitor:
sac@record.com.br

SUMÁRIO

Anotações sobre *Duas solidões* e sua grandeza,
Eric Nepomuceno   7

***Duas solidões**, Pilar del Río*   25

Instaurar o impossível, *Socorro Acioli*   31

O ROMANCE NA AMÉRICA LATINA. Diálogo entre Mario Vargas Llosa e Gabriel García Márquez (Lima, 5 e 7 de setembro de 1967)   35

Primeira parte   37

Segunda parte   69

García Márquez por Vargas Llosa   101

Anotações sobre
Duas solidões e sua grandeza

Eric Nepomuceno

1.

Em setembro de 1967, ocorreram dois encontros em Lima, capital do Peru, na Faculdade de Arquitetura da Universidade Nacional de Engenharia, reunindo o escritor peruano Mario Vargas Llosa e seu colega de ofício, o colombiano Gabriel García Márquez.

Na verdade, a proposta inicial era fazer um único evento, uma espécie de diálogo aberto ao público. Acontece que o êxito foi tão grande que a conversa iniciada à uma e meia da tarde da terça, dia 5, continuou na quinta.

Já no primeiro dia, não havia mais nenhuma das trezentas poltronas sem um ocupante ansioso pelo começo da conversa. Nem havia espaço para os que se dispusessem a sentar no chão, já abarrotado, ou a ficar em pé, recostados nas paredes. Foi permitido até mesmo um semicírculo de cadeiras no próprio palco, atrás da mesa onde estavam os responsáveis pelo ato e, claro, as duas estrelas da jornada.

Além disso, foram instalados alto-falantes no pátio, e o mesmo cenário se repetiu no segundo encontro, com jovens chegando com uma hora de antecedência para conseguir lugar lá dentro.

Na época, o que foi dito acabou sendo publicado em um livro, iniciativa de quem realizou o evento, o dramaturgo peruano José Miguel Oviedo, contemporâneo e amigo de Vargas Llosa.

Depois de esgotar a edição, o livro sumiu para só reaparecer agora, passados mais de cinquenta anos.

Durante esse longo tempo, as poucas cópias sobreviventes eram reproduzidas e circulavam como tesouro nas mãos de aspirantes a escritor, tanto no Peru como na Colômbia.

2.

É importante relembrar qual era o cenário das nossas comarcas em setembro de 1967 e recordar quem eram, naqueles tempos, Mario Vargas Llosa e Gabriel García Márquez.

A América Latina vivia sufocada por ditaduras militares de maior ou menor ferocidade, mas todas brutais.

Se no Paraguai o eterno Alfredo Stroessner cumpria treze anos no poder, na Nicarágua Anastasio Somoza Debayle dava continuidade à dinastia familiar de mais de três décadas. No Panamá, o presidente Marco Aurelio Robles Méndez, que tinha sido afastado pela Assembleia Nacional, permanecia no posto graças à ação da Guarda Nacional.

Na Bolívia sempre sacudida por quarteladas, o general René Barrientos estava aboletado na presidência, da mesma forma que o general Juan Carlos Onganía encabeçava a ditadura na Argentina.

E, enquanto no Brasil o ditador da vez era Artur da Costa e Silva, o Peru aparecia como uma das pouquíssimas exceções do continente, pois era governado por um presidente eleito, Fernando Belaúnde Terry.

É também importante recordar que a imagem da América Latina havia conquistado espaço no mundo graças aos reflexos — tanto positivos como negativos — da Revolução Cubana, que tinha acontecido oito anos antes. Nossas próprias comarcas deste continente esgarçado punham as atenções na ilha caribenha, que também ganhara espaço entre nossos artistas e intelectuais.

A imensa maioria dos golpes de Estado e das ditaduras então implantadas faziam parte da Guerra Fria. A oposição a Cuba era, acima de tudo, parte dos serviços prestados a Washington.

Curiosamente, tanto Vargas Llosa como García Márquez se diziam, quando se deu o diálogo registrado neste livro, ardorosos adeptos da Revolução Cubana.

A partir de 1971, o peruano foi mudando de lado, primeiro aos poucos, depois com mais vigor, até chegar ao avesso. Já o colombiano permaneceu fiel até o fim.

3.

Quanto ao entrevistado naquele setembro aos 40 anos, García Márquez começava a passar da situação de escritor conhecido quase que só entre seus pares e por alguns estudiosos para se tornar figura pública graças ao sucesso retumbante de seu *Cem anos de solidão*, publicado três meses antes, lá se vai já mais de meio século.

Era o autor de pequenas joias de valor inestimável como *Ninguém escreve ao coronel* e *A incrível e triste história da cândida Eréndira e sua avó desalmada*, havia conquistado alguns prêmios, mas as vendas de cada livro não ultrapassavam a marca dos mil e poucos exemplares.

Estava, pois, a milhas marítimas de distância do prestígio e da popularidade de seu anfitrião.

É verdade que, um ano antes, o chileno Luis Harss havia incluído García Márquez entre os principais narradores latino-americanos em seu fundamental livro *Los nuestros*, mencionando a ainda inédita obra que seria a glorificação do colombiano, *Cem anos de solidão*.

Outro que também teve acesso aos originais, o já então consagrado mexicano Carlos Fuentes, dizia que o livro, terminado em junho de 1966, era a "Bíblia da América Latina".

Só que, além desses dois e outros pouquíssimos amigos, ninguém tinha lido os originais. E, se havia expectativa em restritos meios literários do continente, para o público de Lima o autor continuava praticamente desconhecido.

Um grupo pequeno mas entusiasta, formado em sua maioria por jovens que conheciam a prestigiada revista *Amaru*, sabia dele. A revista foi a primeira a publicar um fragmento do livro, e esse grupo tinha lido algumas poucas páginas. E só. O resto se resumia às notícias vindas de fora, contando o êxito do livro.

Por sua vez, aos 31 anos, Mario Vargas Llosa era dono de imensa popularidade, principalmente em seu país.

Estava no auge da fama, considerado um dos grandes da literatura latino-americana, seus livros alcançavam vendas impressionantes, a começar por *A cidade e os cachorros*, e havia acabado de receber o muito prestigiado Prêmio Rómulo Gallegos pelo seu igualmente impactante *A casa verde*.

Aliás, desde seu primeiro livro, a coletânea de contos *Os chefes*, publicado em 1959, aos 23 anos Vargas Llosa chamou a atenção de público e crítica, levando o prestigioso Prêmio Leopoldo Alas.

4.

Os dois tinham estabelecido uma rara amizade por cartas (sim, naqueles tempos todo mundo escrevia cartas...) trocadas ao longo de vinte meses, numa correspondência intensa em que se propuseram até mesmo a escrever um romance a quatro mãos sobre a guerra entre a Colômbia e o Peru, iniciada em 1932. O projeto morreu no ar.

Cinco meses antes, tinham enfim se conhecido pessoalmente em Caracas. Conviveram na capital venezuelana durante duas semanas, tempo suficiente para selar uma aproximação consolidada.

Naquele primeiro encontro no aeroporto de Caracas — Vargas Llosa vinha de Londres, García Márquez, do México, e seus voos chegaram quase juntos — se deram bem de imediato.

Nasceu assim uma amizade que iria se manter intocável até 1971, quando houve certo distanciamento, e que culminou com o rompimento irreversível em fevereiro de 1976.

Pois antes desse distanciamento e da ruptura final, naquele 1967 Vargas Llosa convidou García Márquez para o encontro em Lima, propondo uma escala não programada no voo entre Buenos Aires, onde o colombiano havia participado do júri de um importante concurso literário, e a Cidade do México, onde morava.

Na verdade, ao transformar o que seria um diálogo aberto ao público numa espécie de entrevista com o colega, ele agiu com generosidade.

Afinal, vale reiterar, era muito mais conhecido e influente que seu convidado, principalmente em seu país, ao qual ainda não haviam chegado exemplares de *Cem anos de solidão*.

O livro tinha alcançado, em três meses, a extraordinária cifra de 30 mil exemplares vendidos na Argentina, na Colômbia e no México. No Peru, nem um único exemplar: os pedidos das livrarias ainda estavam a caminho.

5.

O tom extremamente coloquial que paira sobre as conversas traz revelações novas, reforça aspectos especialmente interessantes, e a confiança mútua trouxe para os dias de hoje, graças ao reaparecimento deste livro, uma surpreendente — e não só para mim, mas para muito mais gente — afirmação de García Márquez, quando faz críticas um tanto duras ao seu *Ninguém escreve ao coronel*: afinal, ao longo de mais de trinta anos de convivência, ouvi dele muitas vezes a afirmação serena e firme de que este era o seu livro que considerava "invulnerável". Dizia isso da mesma forma que afirmava que seu livro "permanente" seria *O amor nos tempos do cólera*. Era, de tudo que escreveu, acreditava ele, o que jamais cairia no esquecimento.

6.

Conversas entre escritores de idênticos ou diferentes calibres acontecem desde sempre.

Como bem disse com seu humor contraditório — ao mesmo tempo delicado e afiadíssimo — o poeta e escritor uruguaio Mario Benedetti, "quando um visconde encontra outro visconde, os dois falam de viscondes; quando um escritor encontra outro escritor, os dois falam de escritores".

Qual a importância especial, então, do que Vargas Llosa e García Márquez conversaram naquele encontro de escritores, e o que faz com que isso tudo desperte interesse até hoje? Afinal, não se trata apenas de dois escritores falando de colegas, de seu ofício, da vida e de todo o resto?

Não. Ao longo das longas conversas daquele setembro em Lima, sempre num tom franco e de confiança mútua, o que temos é, além de dois imensos autores, duas visões que várias vezes surgem diferentes sobre o ato de escrever, sobre a literatura, sobre ver — e viver — a vida.

Há, sim, coincidências sobre o ofício e sobre leituras e escritores, e tudo isso surge com uma forte base, nada é dito ao léu, nada deixa de ser interessante ou no mínimo capaz de despertar curiosidade.

E do que falam sobre seus métodos de trabalho e de leitura, como bem disse no prólogo da edição em castelhano o escritor colombiano Juan Gabriel Vásquez, um dos mais proeminentes de sua geração no continente, aprende-se mais sobre o ato de escrever do que em qualquer curso de literatura.

7.

Há diferenças, é verdade, no olhar de cada um sobre o ofício e seus resultados, mas também muitas coincidências.

Há também visões paralelas, porém não conflitantes, e sim um tanto harmônicas, sobre a realidade vivida na época pela América Latina, sobre a explosão de leitores do que era escrito no continente, o tal *boom*, e, enfim, sobre a vida.

Aliás, é curiosa a menção de García Márquez ao fenômeno batizado de *boom*. Ele se perguntava se tal explosão não seria mais de leitores que propriamente de literatura.

Vargas Llosa revela um lado mais intelectualizado, mais erudito, uma abordagem mais elaborada, mais metódica sobre a literatura e o ofício de escrever, além da sua visão sobre outros autores. Faz tudo isso deixando claras mostras de sua paixão tanto por escrever como por ler e, claro, viver, mas também de uma bem cultivada erudição.

García Márquez, por sua vez, surge exatamente igual ao que foi até sua partida final: pura voragem, pura garra de escrever e viver, alguém que, embora dono de uma cultura ampla e sólida, jamais fazia ostentação desse lado seu. Não teorizava: agia, escrevia por impulso, mesmo tendo a eterna preocupação com a forma, com o tom.

Há também curiosas coincidências sobre como viam o mundo, em especial a América Latina — uma coincidência que pouco a pouco iria se esgarçar até colocar os dois em polos opostos, numa distância sem volta.

8.

Aliás, naquele setembro de 1967, a mais visível distância entre os dois estava na aparência.

Na primeira apresentação para o público, um Vargas Llosa esbelto, elegante, usava um terno que reforçava seu ar professoral, numa atitude um tanto contida apesar da informalidade que pairava no ar.

Os cabelos devidamente engomados e cuidadosamente penteados brilhavam e pareciam fortalecer seu lado de galã sedutor.

Já García Márquez usava uma camisa extravagante, de cantor caribenho, a cabeleira rebelde, o bigodinho que reforçava sua aparência de dançarino de rumba, e, enquanto seu par parecia sóbrio e sereno, o tempo todo ele exalava uma vitalidade que a timidez olímpica não conseguia disfarçar.

No segundo encontro, o colombiano apareceu vestido de maneira mais discreta: paletó e camisa clara. Gravata, nem pensar.

Um mostrando-se em sua vertente erudita, contida; o outro deixando às claras sua visão intuitiva, baseada no que havia vivido e guardado na memória, sua garra pela vida e pelo ofício de escrever.

Assim os dois foram se revelando numa conversa que fluía ora como rio agitado, ora como remanso suave.

9.

Em várias passagens dessa longa conversa saltam com força detalhes e inquietações que refletiam o que se vivia na América Latina daquele tempo, que aliás continua, sem maiores mudanças, no mesmo tumulto e nas mesmas agruras de sempre.

É interessante ver suas formas de abordar algumas questões permanentes, como a responsabilidade social de um escritor nesta e em outras paragens, ou até que ponto sua visão do mundo e suas posições políticas acabam se refletindo — ou não — no que escreve.

Também nesse ponto, a visão de Vargas Llosa, ao menos naquele tempo, é reveladora da sua maneira de encarar vida e ofício.

10.

A primeira pergunta de Vargas Llosa a García Márquez escancara janelas e janelões para o que viria depois:

— Para que serve um escritor?

Pois o que veio a partir daí transbordou tanto que uma semana mais tarde, quando o colombiano encerrou aquela que foi sua primeira e única visita ao Peru, constatou-se que o impacto da sua presença nos meios de comunicação superou o de outros nomes que haviam passado por lá nos meses anteriores, e eram nomes retumbantes como o mexicano Carlos Fuentes, o argentino Jorge Luis Borges, o chileno Nicanor Parra e o colombiano Álvaro Mutis.

Levando-se em conta esse espaço ocupado por ele, só havia sido superado em atenções pelo gigantesco poeta chileno Pablo Neruda.

A comparação, no caso de Vargas Llosa, não valia: graças aos efeitos de seus livros, seu peso e seu espaço eram absolutamente insuperáveis. Nem mesmo os grandes mestres que o antecederam tiveram o mesmo peso.

11.

Passado o tempo e vendo-se a maneira como se distanciaram irremediavelmente — houve quem tentasse em vão uma reaproximação, como o escritor e editor espanhol Juan Cruz, que se dava bem com García Márquez e mantém até hoje uma amizade muito próxima com Vargas Llosa —, crescem a importância e o valor dessas conversas limenhas.

Sem o clima de confiança absoluta e amizade palpável, outra teria sido a atmosfera dos diálogos, outro seria o resultado, outra a permanência da importância daquelas duas jornadas em que se apresentaram aos muitos leitores de um, aos ainda escassos, mas ávidos, do outro.

Há detalhes interessantes na memória daquela viagem. Por exemplo: conforme registra na edição espanhola deste livro o jovem autor peruano Luis Rodríguez Pastor e como resultado de uma cuidadosa pesquisa, na foto feita no aeroporto, quando Mercedes e García Márquez preparavam seu embarque, Patricia, a mulher de Vargas Llosa, não aparece.

Essa ausência se devia a uma razão mais que concreta: tinha acabado de dar à luz o filho do casal, que se chamou Gonzalo Gabriel e teve como padrinho o autor de *Cem anos de solidão*.

E é essa amizade ao mesmo tempo tão recente e tão intensa que se espalha ao longo de toda a conversa, com um Vargas Llosa que, a partir de certa altura, suavizando um tanto o papel de entrevistador que tinha assumido por generosidade, passa a participar da troca de ideias de igual para igual com o convidado.

Assim surgem diálogos especialmente curiosos, como quando os dois se referem a Jorge Luis Borges ou a William Faulkner.

O mesmo acontece quando Vargas Llosa se refere a autores que na vida civil defendiam ideias progressistas e libertárias e cuja obra considerava essencialmente reacionária.

Aquelas conversas nos trazem um inquietante García Márquez dizendo que o autor que mais lia e relia era Borges, de forma quase obsessiva, e que assim confirmava cada vez mais que o argentino era "talvez o autor de quem menos gosto".

A explicação para essa contradição é, ao mesmo tempo, surpreendente e fascinante, especialmente para quem é do ofício. Mostra, além disso, o tipo de leitor que era García Márquez.

Também importante é registrar uma vez mais que, já naquele tempo, como, aliás, desde sempre, havia contradições e radicalismos tão comuns até hoje entre intelectuais latino-americanos de diferentes ramos, mas que integravam a mesma árvore ideológica, tanto à direita como à esquerda.

Assim, ficamos sabendo que o cineasta argentino Leopoldo Torre Nilsson, que tinha praticamente a mesma idade de García Márquez, disse a ele em Buenos Aires, quando *Cem anos de solidão* tinha acabado de chegar aos leitores, que se tratava de um livro reacionário.

Mais surpreendente ainda é o motivo para ter dito isso.

Meses depois, nessa conversa com Vargas Llosa, o colombiano, que, além de ter estudado cinema, era um aficionado pelos cineastas e conhecia e com razão admirava Torre Nilsson, confessou ainda estar impactado pelo que tinha ouvido.

E pergunta ao seu interlocutor: seria *Cem anos de solidão* um livro reacionário?

12.

Há uma curiosidade permanente, até mesmo entre as novas gerações, de tomar conhecimento do que aconteceu para entender por que aquela amizade tão sólida chegou a um fim abrupto.

Pode ser que saber o motivo real do afastamento, que incluiu um murro no olho esquerdo do colombiano, desfechado em público e na frente de amigos no aziago fevereiro de 1976, na Cidade do México, já não tenha importância. Afinal, cada um seguiu seu caminho escrevendo vida afora, desfrutando de um prestígio permanente e bem-merecido.

Mas os motivos de semelhante violência que selou o rompimento continuam sendo uma incógnita. Não foi uma discussão especialmente exaltada: foi um murro disparado contra o rosto de quem vinha sorridente, de braços abertos, dizendo "Mario, Mario!".

Nem um, nem outro jamais tocou no assunto. Amigos mais próximos contaram resumidas versões, sem maiores detalhes ou evidências.

Sempre se filtrou a hipótese de García Márquez ter se insinuado para o lado de Patricia, que vivia uma séria crise em seu casamento com um Vargas Llosa mulherengo. E, além de se insinuar, teria revelado a ela um explosivo caso de amor vivido na época pelo amigo.

Nunca foi uma versão muito convincente. Enquanto o peruano era um conhecido galanteador, o colombiano vivia debaixo das asas protetoras de Mercedes e nunca deu mostras, mesmo que fugazes e superficiais, de que aquela não fosse uma relação inquebrável.

Há também versões indicando que a ruptura se deu pela drástica mudança de posição política e ideológica de Vargas Llosa, que consistiu em passar primeiro de uma esquerda radical para uma posição mais moderada, depois para uma vizinhança da social-democracia e, finalmente, aportar no neoliberalismo extremo.

Divergências políticas são comuns em qualquer campo. Presenciei vários encontros entre autores que haviam passado de uma vereda a outra, e nunca vi cenas de incivilidade.

Lembro-me, por exemplo, do dia em que estava com Julio Cortázar num café da Cidade do México e apareceu Octavio Paz com amigos. Os dois se cumprimentaram de longe e ponto final. Também me lembro da vez em que almoçava com um amigo em comum, com quem García Márquez havia rompido de maneira irremediável por considerá-lo um traidor do que havia defendido a vida inteira, e ele apareceu.

De novo acenos gentis a distância, e no dia seguinte ouvi de García Márquez um conselho: "Quando for encontrar de novo essa figura, procure um restaurante onde nenhum conhecido seu apareça..."

Em suma, a maneira como aconteceu o rompimento entre as duas maiores estrelas daquele tempo não tem antecedentes e nunca tornou a acontecer. Daí a curiosidade: qual a razão?

Bem: havia finalmente outra versão, excepcionalmente malvada, circulando especialmente entre latino-americanos.

Os encarregados de divulgar essa versão eram pessoas que não tinham na época proximidade alguma com Vargas Llosa e García Márquez, e o mais provável é que jamais chegaram a ter.

De uma perversidade olímpica, tal versão se resumia a uma palavra só: *invidia*. Tradução: inveja.

Bobagem sem remédio, maldade sem limite. Nem o mais ardoroso defensor do colombiano teria coragem de dizer que a agressão levada a cabo por Vargas Llosa fosse causada por inveja.

Afinal, por mais vaidosos que pudessem ser, ambos sabiam do seu peso no universo da escrita não apenas em nossas comarcas, mas em tudo que é canto em que existam escritores e leitores.

Tinham clara, portanto, sua responsabilidade relacionada ao ofício, mas também junto às parcelas de leitores em nossas sociedades latino-americanas. Sabiam o que suas obras significavam.

Podia até existir espaço para algum tipo de salutar competição. Para inveja, nunca.

Agora, ao ler e reler esses diálogos, senti em vários momentos Vargas Llosa e García Márquez conversando na copa da cozinha daquela casa mexicana que tanto conheci.

E não me resta mais que lamentar, com toda a minha alma, a ruptura tão brusca entre os dois.

Mesmo que as distâncias afetivas não tivessem volta, algumas conversas talvez acontecessem. E seriam mais um legado solar para todos nós.

Petrópolis, setembro de 2021

Duas solidões

Pilar del Río

São três da madrugada, o outono entrou com vento forte que arrasta folhas secas e faz que batam as janelas da parte de cima da casa, sempre abertas durante o verão. A noite é escura, tanto que os gatos habituais não se deixam ver, parece que abandonaram seu lugar na praça e no povoado. Não há vida fora nem dentro da casa, ninguém ronca, não se ouvem respirações pesadas e nenhuma criança chora, tudo entrou em outra dimensão e agora o silêncio ameaçador virá também por ti, te engolirá sem piedade porque chegaste à última página de um livro que arrasta os leitores e os leva para o fim do mundo, não haverá uma segunda oportunidade para quem enfrentou *Cem anos de solidão*, Macondo se instalou no teu interior e com Macondo irás peregrinar incertamente por um infinito ao que ainda não deram um nome porque tudo é novo e exigente. Agora, no tremor dessa estranha madrugada, só te resta odiar Gabriel García Márquez, autor do livro que tens nas mãos, ou talvez amá-lo, não consegues pensar nele indiferente às tuas aflições, muito menos em diálogo amável com Vargas Llosa no Peru, como se a sua escrita não tivesse convocado todas as solidões e a tua desolação pessoal. Nunca estive tão sozinha na vida como na noite em que acabei de ler *Cem anos de solidão*, talvez por isso nunca mais quis abrir esse livro, embora vem sempre me acompanhando, e às vezes o ouço falar.

Passou o tempo, e as circunstâncias mudaram. A jovem que lia às escondidas livros de autores latino-americanos que chegavam à Espanha da ditadura de Franco por circuitos clandestinos se fez jornalista, e pouco depois, sem que uma coisa tivesse a ver com a outra, Franco morreu, o jornalismo começou a manifestar pulso vital e a cultura vestiu com cores várias gerações que liam autores latino-americanos com paixão compartilhada e discutida, tu de Cortázar, eu de García Márquez, ou de Vargas Llosa, me empresta *A casa verde*, tenho *Ninguém escreve ao coronel*, aí estão *O Aleph* de Borges, e *O século das luzes* de Alejo Carpentier, e *O obsceno pássaro da noite* de Donoso, e Fuentes com *A região mais transparente*, e Octavio Paz, santa mãe!, descobrimos que o nosso mundo era ancho, forte, indômito, cruel e maravilhoso graças ao continente do outro lado do oceano. Não havia um eles e um nós, se aproximavam de nós escritores que nos ensinavam a sonhar e a ser maiores que a dimensão da ditadura e suas estúpidas normas de racionalidade dogmática e sem alma. De repente surgiu o "*boom* de leitores", embora não fosse chamado assim, falava-se do "*boom* latino-americano", ao qual puseram um nome afortunado, "realismo mágico", que porém não explicava totalmente o fenômeno daquela madrugada em que a vida se deteve, nada cresceu nem emitiu som, a não ser o vento que pela última vez varria a terra do povoado da minha mãe, aquela noite em que, por virtude da literatura, cheguei a ver o fim do mundo e senti o estremecimento derradeiro, esse que teremos quando, com Aureliano Buendía, desaparecermos sem remédio.

García Márquez e Vargas Llosa conversavam no Peru em 1967 alheios às convulsões interiores que provocavam com seus livros infinitos, e hoje, lendo o magnífico diálogo que produziram, outra vez dá vontade de sacudi-los pelos ombros, se isso fosse possível, ou sacudirmos a nós mesmos e despertarmos de certas letargias que por algum tempo nos fizeram indiferentes ao milagre daquele tempo inaugural. É esta, querido leitor, querida leitora, uma conversa em que a inteligência da juventude e a consistência de suas reflexões dos primeiros dias da criação se expressam de forma rotunda, deixando claro que os dois seres humanos que nos quebraram com sua capacidade criativa e com o estilo literário fogoso e extraordinário tinham poder para fazer isso. É verdade que eles se perguntam para que serve um escritor, mas não esperaram pela nossa resposta, talvez por isso agora devamos oferecê-la, agradecendo que se mantiveram fiéis à "vocação excludente" que significa tornar ofício a literatura, atitude e forma de vida. No Peru, os dois escritores também dialogaram sobre a solidão, a dos seres humanos que somos e a dos cem anos do livro de García Márquez, solidão que, sendo algo comum à natureza humana, no caso dos romancistas do *boom* bem que podia ser o resultado de certa alienação continental, a consequência de enfrentar fatos históricos e relações sociais, culturais e econômicas a partir da ficção, ignorando o ponto de vista folclórico, misturando o real e o fantástico porque, como repetem várias vezes, trata-se de que "a fantástica realidade da América Latina faça parte dos nossos livros". Conseguiram.

Duas solidões, esta conversa inteligente e amável, bem que poderia ser um passeio pela nossa memória de leitores e a confirmação de que soubemos ler quando o mundo era criança. Também deixará claro que, se nos deixamos arrasar por certos livros, é porque nossa liberdade às vezes demanda a experiência fabulosa do transbordar de emoções. Anos mais tarde, quando Vargas Llosa publicou *A festa do bode*, a mulher já madura que agora escreve essas linhas tornou a ter outra sacudida emocional e durante algum tempo ela via tudo que acontecia no mundo e que o jornalismo contava a partir da perspectiva desse livro, com a carga de corrupção moral e material que esse livro descreve. Vargas Llosa se impôs na minha experiência leitora uma vez mais, com a mesma força de antanho, a de *Conversas no Catedral* ou de outros livros que fui lendo devotamente, fruindo e incorporando à minha personalidade. Com a mesma devoção, sempre li García Márquez, deus feroz quando então me fez tremer, amigo depois, confidente de tardes mexicanas, intermináveis, sem sombra de dúvida, brilhantes. Houve um dia em que uma leitora reconheceu García Márquez enquanto, cada um em seu automóvel, esperávamos que o sinal abrisse. Então ela, emocionada, espetou-o com um "mas se o senhor não existe!" que comoveu todo mundo. Sim, existem, falo de Gabriel García Márquez e de Mario Vargas Llosa, nosso patrimônio, a melhor maneira de ver e sentir o mundo. *Duas solidões* para saber que não estamos sozinhos e que as madrugadas de desolações têm, pela magia da literatura, o final feliz da experiência. E do amor fecundo.

Instaurar o impossível

Socorro Acioli

Gabriel García Márquez disse, em algumas entrevistas, que se tornou escritor porque não conseguiu ser o que realmente queria: prestidigitador. Mágico. Um homem que ganhasse a vida provocando espantos diante de uma plateia que quer ser maravilhada, que cai satisfeita nas armadilhas dos gestos, da lida astuta com o tempo, do engano de inventar uma ilusão.

O prestidigitador faz com as mãos e a voz o que García Márquez fez com as palavras, então seu desejo se cumpriu. Este livro é um exemplo disso, uma fenda no tempo que nos transporta para Lima, em setembro de 1967. Dois escritores conversam, García Márquez aos 40 anos e Vargas Llosa aos 31, sem saber que o futuro lhes reservaria um lugar de honra na história da literatura da América Latina.

Nós sabemos o que aconteceu, passo a passo. Ali estavam com apenas três meses de lançamento do *Cem anos de soli-*

dão, e García Márquez não poderia prever a fama mundial, a tradução e publicação em dezenas de países, a aclamação pública, o rechaço que está sempre atrelado a toda fama, o Prêmio Nobel. Não seria capaz de prever, também, que anos depois fundaria uma escola de cinema para jovens realizadores latino-americanos, a EICTV, em San Antonio de Los Baños, Cuba. E que, no aniversário de vinte anos dessa mesma escola, faria pela última vez a sua prestigiosa oficina de criação que se chamava "Como contar um conto". Ele jamais adivinharia que, na derradeira turma, estaria uma brasileira falando espanhol com sotaque forte e fraqueza nas consoantes, que o impressionaria com a história da cabeça oca, gigantesca, inacabada de uma estátua de santo Antônio, cujo corpo estava no alto do morro.

Ele não acreditou que eu, a aluna brasileira, queria escrever ficção a partir de uma história real. "Não pode ser real", ele dizia. "Você inventou a cabeça, mas o homem existe?" É o contrário. A cabeça existe, o homem eu inventei. Está em Caridade, no sertão do Ceará. "Só acredito com provas", ele disse, depois de nos fazer acreditar que padres levitam ao tomar chocolate. Por sorte eu tinha imagens, ele viu, de boca aberta olhando para a televisão presa na parede. Perguntou qual era mesmo o lugar de onde eu vinha. Ceará, senhor. "Mas que lugar impressionante", disse Gabriel García Márquez, inventor de Macondo.

Nos cinco dias de aulas eu chorei, em um momento ou outro, tentando ser discreta. Meu professor genial percebeu todas as vezes, riu da minha veneração e adivinhou que sou pisciana, assim como ele. Fez um gesto de oposição com os indicadores: "É um signo inclemente." Sempre assim, entre dois rumos.

A leitura deste livro é uma das provas de que García Márquez conseguiu exatamente o que queria, mas de uma maneira que nunca poderia imaginar. No ofício de escritor, ele foi o grande Mago, o maior de todos. Se nossos olhos atingem as primeiras palavras — "Acontece com os escritores uma coisa que — acho eu — não acontece jamais com engenheiros e arquitetos. Muitas vezes, as pessoas se perguntam: para que servem?" —, já estamos em franco mergulho no tempo. O ano é 1967, a América Latina está sangrando aos poucos com regimes ditatoriais sequestrando os direitos básicos de todos, mas as centenas de pessoas dentro daquele auditório deram a si mesmas uma pausa para a esperança diante de Mario Vargas Llosa e Gabriel García Márquez, a conversa histórica de dois homens que em alguns anos marcariam para sempre a literatura na América Latina.

Vargas Llosa, anfitrião elegante, maneja o evento como alguém curioso para trazer a criação de García Márquez para o centro da conversa. Talvez para entender como ele instaura o impossível e nos faz acreditar em tantas coisas — sobretudo no amor, essa força de redenção presente em toda a sua obra.

Os dois não poderiam prever que o mundo voltaria a estar sob ameaças novamente, que depois de tantas conquistas retrocederíamos ao lugar de medo e incerteza. Uma outra forma de ditadura espalhada na América, a situação grave de Cuba, uma nova guerra, uma nova peste. Cólera, covid.

Assim como as centenas de pessoas que pararam para ouvir García Márquez e Vargas Llosa naquele mês de setembro, por duas tardes, nós também estamos precisando de esperanças nessa segunda década do século. E por isso é tão bom ler as palavras de um homem que acredita nas coisas invisíveis, no destino, no amor, nos espíritos, nos avisos da morte, nas coincidências, na pulsão transformadora de todas as paixões.

Em 2021 o cineasta Rodrigo García escreveu um livro sobre a saudade dos pais, Gabo e Mercedes, com detalhes sobre suas partidas, os últimos dias. Nunca mais ver, nunca mais ouvir a voz, perder aos poucos. É dessa saudade que nasce um dos inúmeros tipos de solidão: a falta do outro. Continuar vivendo, mesmo sem ter mais aquele que um dia foi tão imenso mesmo por apenas seis dias, como foi para mim.

Há três certezas que ficaram cravadas na minha cabeça depois de terminar a leitura desta conversa que virou livro: a literatura é a máquina do tempo mais eficiente. As coisas mais importantes da vida são invisíveis. E foi desta matéria, o que não se pode ver, que Gabo construiu um mundo inteiro.

O reencontro com este livro perdido clareia o passado e joga luz no futuro. As coisas mudam, passam. Os sonhos acontecem. Não há mal que dure para sempre. Os mortos vão, mas as palavras que eles deixam, se encharcadas de amor, são indestrutíveis. Por isso é imperativo transformar solidão em palavra. Vida em palavra. É a única forma de viajar no tempo e reencontrar quem nos faz tanta falta. Somos três solidões.

O ROMANCE NA AMÉRICA LATINA

Diálogo entre Mario Vargas Llosa
e Gabriel García Márquez

(Lima, 5 e 7 de setembro de 1967)

Primeira parte

Mario Vargas Llosa

Acontece com os escritores uma coisa que — acho eu — não acontece jamais com engenheiros e arquitetos. Muitas vezes, as pessoas se perguntam: para que servem? As pessoas sabem para que serve um arquiteto, para que serve um engenheiro, para que serve um médico. Mas, quando se trata de um escritor, as pessoas têm dúvidas. Até mesmo as pessoas que pensam que serve para alguma coisa não sabem exatamente para quê. A primeira pergunta que quero fazer a Gabriel é justamente sobre isso: que ele elucide para vocês o problema, e elucide também para mim, pois tenho minhas dúvidas a esse respeito. Você, como escritor, serve para quê?

Gabriel García Márquez

Tenho a impressão de que comecei a ser escritor quando me dei conta de que não servia para nada. Papai tinha uma farmácia e naturalmente queria que eu fosse farmacêutico para ficar no seu lugar. Eu tinha uma vocação totalmente diferente: queria ser advogado. E queria ser advogado porque nos filmes os advogados eram aplaudidos nos julgamentos defendendo causas perdidas. No entanto, já na universidade, com todas as dificuldades que enfrentei para estudar, descobri que tampouco ia servir para ser advogado. Comecei a escrever os primeiros contos e, naquele momento, de verdade não tinha a menor noção de para que servia escrever. No princípio, eu gostava de escrever porque publicavam minhas coisas, e descobri o que mais tarde declarei várias vezes e que tem muito de verdade: escrevo para que meus amigos gostem mais de mim. Mas depois, analisando o ofício de escritor e os trabalhos de outros escritores, penso que seguramente a literatura, e sobretudo o romance, tem uma função. Agora, não sei se lamentável ou afortunadamente, creio que é uma função subversiva, não é? No sentido de que não conheço nenhuma boa literatura que sirva para exaltar valores estabelecidos. Sempre, na boa literatura, encontro a tendência de destruir o estabelecido, o já imposto, e de contribuir para a criação de novas formas de vida, de novas sociedades. Enfim, de melhorar a vida dos homens. Para mim é um pouco difícil explicar isso porque, na verdade, eu funciono muito pouco na teoria. Quer dizer, não sei muito bem por que essas coisas acontecem. Agora, a verdade é que o fato de escrever obedece a uma vocação urgente, e quem tem a vocação de escritor tem que escrever, pois só assim vai conseguir se livrar das suas dores de cabeça e da sua má digestão.

Mario Vargas Llosa

Ou seja: você acha que a literatura é uma atividade que, do ponto de vista social, é eminentemente subversiva. Agora, seria interessante que você dissesse para a gente se acha que esse poder subversivo da literatura, essa inconformidade que expande a literatura no âmbito social, pode ser, de alguma maneira, prevista ou calculada pelo escritor. Quer dizer, se o escritor, no momento de conceber um conto ou um romance, de algum modo pode prever as consequências sediciosas, subversivas, que seu livro terá quando chegar aos leitores.

Gabriel García Márquez

Creio que, se isso é previsto, se é deliberada a força, a função subversiva do livro que está sendo escrito, a partir desse instante o livro já é ruim. Mas antes quero estabelecer uma coisa: quando dizemos aqui escritor, quando dizemos literatura, estamos nos referindo a romancista e romance, porque de outro modo poderíamos nos prestar a interpretações erradas. Estou falando de romancista e romance. Creio que o escritor está sempre em conflito com a sociedade. E mais: tenho a impressão de que escreve como uma forma de resolver esse conflito pessoal que tem com seu meio. Quando eu me sento para escrever um livro, é porque me interessa contar uma boa história. Uma história de que eu goste. Acontece que também tenho uma formação ideológica: creio que o escritor, todo escritor sincero no momento de contar a sua história

— seja a da Chapeuzinho Vermelho ou uma história de guerrilheiros, para pôr os dois extremos —, se o escritor, repito, tem uma posição ideológica firme, essa posição ideológica será vista na sua história, quer dizer, vai alimentar a sua história, e é a partir deste momento que essa história pode ter essa força subversiva da qual falo. Não creio que seja deliberada, mas creio que é inevitável.

Mario Vargas Llosa

Então, nesse caso, o fator puramente racional, diríamos, não é preponderante na criação literária. Que outros fatores seriam os preponderantes, que elementos determinariam a qualidade da obra literária?

Gabriel García Márquez

A única coisa que me interessa no momento de escrever uma história é se a ideia dessa história pode agradar o leitor e que eu esteja totalmente de acordo com essa história. Eu não conseguiria escrever uma história que não fosse baseada exclusivamente em experiências pessoais. A propósito, agora mesmo estou preparando a história de um ditador imaginário, quer dizer, a história de um ditador que supostamente é latino-americano, por causa do ambiente. Esse ditador que tem 182 anos, que tem tanto tempo no poder que já não recorda quando chegou lá, que tem tanto poder que já não precisa mandar, está completamente sozinho num palácio enorme, e pelos salões passeiam vacas que comem os retratos, os grandes quadros a óleo dos arcebispos etc. Então, o curioso é que, de alguma forma, essa história é baseada em experiências pessoais. Quer dizer, são elaborações poéticas de experiências pessoais minhas, que servem para expressar o que quero nesse caso, que é a imensa solidão do poder. E creio que, para expressar a solidão do poder, não há nenhum arquétipo melhor que o do ditador latino-americano, que é o grande monstro mitológico da nossa história.

Mario Vargas Llosa

Mudando bruscamente de patamar, gostaria de fazer uma pergunta mais pessoal, porque ao falar da solidão eu lembrava que é um tema recorrente em todos os seus livros. O último, aliás, se chama precisamente *Cem anos de solidão*, e é curioso, porque seus livros sempre estão muito povoados ou são muito populosos, estão cheios de gente... No entanto, são livros cuja matéria profunda é, de certo modo, a solidão. Em muitas entrevistas que você deu, observei que sempre se refere a um parente que contou muitas histórias quando você era menino. Lembro-me até mesmo de uma entrevista em que dizia que a morte desse parente, quando você tinha 8 anos, foi o último acontecimento importante da sua vida. Seria, então, interessante se contasse para nós em que medida esse personagem pode ter servido de estímulo, pode ter dado material para os seus livros. Enfim: em primeiro lugar, quem é esse personagem?

Gabriel García Márquez

Vou dar uma volta antes de chegar à resposta. Na verdade, não conheço ninguém que em certa medida não se sinta solitário. Esse é o significado da solidão que me interessa. Temo que isso seja metafísico, e que seja reacionário, e que pareça exatamente o contrário do que eu sou, do que na verdade quero ser, mas creio que o homem está completamente sozinho.

Mario Vargas Llosa

Você acredita que seja uma característica do homem?

Gabriel García Márquez

Eu acredito que seja parte essencial da natureza humana.

Mario Vargas Llosa

E minha pergunta ia chegar a esse ponto: eu li num ensaio muito longo que uma revista de Paris publicou sobre os seus livros que essa solidão, o conteúdo principal de *Cem anos de solidão* e dos seus livros anteriores, era a característica do homem latino-americano, pois estava representando a profunda alienação do homem latino-americano, a falta absoluta de comunicação que existe entre os homens, o fato de que o homem latino-americano surge de uma série de condicionamentos. Quer dizer, que está condenado a uma espécie de desencontro com a realidade, e isso faz com que se sinta frustrado, mutilado, solitário. O que você acha dessa observação?

Gabriel García Márquez

Não tinha pensado nisso. Acontece que esses valores são totalmente inconscientes. Eu acho, além do mais, que estou me metendo num terreno perigoso, que é o de tratar de explicar essa solidão que expresso e que trato de buscar em diferentes facetas do indivíduo. Acho que o dia em que for consciente, em que saiba exatamente de onde isso vem, já não vai mais me servir. Por exemplo: tem um crítico na Colômbia que escreveu algo muito completo sobre meus livros. Dizia que notava que as mulheres que aparecem nos meus livros são a segurança, são o senso comum, são quem mantém a casta e o uso da razão na família, enquanto os homens partem em aventuras de todo tipo, indo para as guerras e explorando e fundando aldeias e povoados, que sempre terminam em fracassos espetaculares, e, graças à mulher, que está em casa — mantendo, digamos, a tradição, os primeiros valores —, os homens puderam fazer as guerras, e puderam fundar aldeias, e puderam fazer as grandes colonizações na América, não é? Quando li isso, reli meus livros anteriores e percebi que era verdade, e creio que esse crítico me fez muito mal, porque me fez essa revelação justo quando eu estava escrevendo *Cem anos de solidão*, onde parece que está a apoteose disso tudo. Lá tem uma personagem, que é a Úrsula, que vive 170 anos e é quem na verdade sustenta o livro inteiro. A partir dessa personagem — que já tinha concebido por completo, planejado por completo —, eu já não sabia se estava sendo sincero ou tentando agradar esse crítico. Por isso tenho medo de que me aconteça a mesma coisa com a solidão. Se eu conseguir explicar a mim mesmo de que se trata, então talvez já seja totalmente racional, totalmente consciente, e eu não continue me preocupando. Agora você acaba de me dar uma pista que me assusta um pouco. Eu pensei que a solidão era comum à natureza humana, mas agora me ponho a pensar que provavelmente é resultado da alienação do homem latino-americano, e que então estou expressando, do ponto de vista social e inclusive do ponto de vista político, muito mais do que achava que estava. Se for assim, já não é tão metafísico como temo. Quis ser sincero de todas as maneiras, e trabalhei mesmo com o temor de que essa questão da solidão seja um pouco reacionária, não é?

Mario Vargas Llosa

Bem, então não falemos da solidão, já que é um tema um pouco perigoso. Mas eu estava muito interessado nessa personagem da sua família de quem todo mundo fala nas reportagens e a quem você diz dever tanto. Trata-se de uma tia?

Gabriel García Márquez

Não. Era o meu avô. Vejam só: era um senhor que eu depois encontro no meu livro. Ele, em certa ocasião, muito jovem, teve que matar um homem. Vivia numa aldeia, e parece que havia alguém que o incomodava muito, e o desafiava, mas ele não dava importância, até que a situação se tornou tão difícil que ele simplesmente deu um tiro no fulano. Parece que a aldeia estava tão de acordo com o que ele fez que um dos irmãos do morto dormiu atravessado, naquela noite, na porta da casa, diante do quarto do meu avô, para evitar que a família do falecido viesse vingá-lo. Então meu avô, que já não conseguia aguentar a ameaça que pairava em cima dele naquela aldeia, foi-se embora. Quer dizer: não foi para outra aldeia. Juntou a família, foi para longe e fundou uma aldeia.

Mario Vargas Llosa

Bem, é um pouco o começo da história de *Cem anos de solidão*, em que o primeiro José Arcádio mata um homem e tem, primeiro, um terrível remorso, um peso terrível na consciência, que é o que o obriga a abandonar o povoado, cruzar as montanhas e fundar a mítica Macondo.

Gabriel García Márquez

Pois é. Ele foi embora e fundou uma aldeia, e o que eu mais recordo do meu avô é que sempre me dizia: "Você não sabe como pesa um morto." Tem outra coisa que não esqueço jamais, que creio que tem muito a ver comigo como escritor, e é a noite em que me levou ao circo e vimos um dromedário. Na volta, quando chegamos em casa, abriu um dicionário e me disse: "Este é o dromedário e o elefante, esta é a diferença entre o dromedário e o camelo." Ou seja, me deu uma aula de zoologia. Assim eu me acostumei a usar o dicionário.

Mario Vargas Llosa

Esse personagem teve uma enorme influência em você, pois o drama dele de alguma forma está transposto no seu último romance. Agora eu gostaria de saber em que momento você pensou em converter todas essas histórias que seu avô contava em literatura. Em que momento você pensou em usar todas essas lembranças, essas experiências pessoais, para escrever contos ou romances?

Gabriel García Márquez

Só depois de ter dois ou três livros escritos soube conscientemente que estava usando essas experiências. Na verdade, não é só o avô, é aquela casa inteira naquela aldeia que ele ajudou a fundar, e era uma casa enorme, onde se vivia verdadeiramente no mistério. Naquela casa havia um quarto desocupado onde a tia Petra tinha morrido. Havia um quarto desocupado onde tinha morrido o tio Lázaro. Então, de noite, não se podia caminhar pela casa porque havia mais mortos que vivos. Eles me punham sentado num canto às seis da tarde e diziam: "Não saia daqui, porque se você sair vai vir a tia Petra, que está no quarto dela, ou o tio Lázaro, que está no outro." Eu ficava sempre sentado... No meu primeiro romance, *A revoada*, tem um personagem que é um menino de 7 anos que está, durante o livro inteiro, sentado numa cadeirinha. Agora me dou conta de que esse menino era um pouco eu, sentado naquela cadeirinha, numa casa cheia de medos. Há outro episódio que lembro e que dá muito bem o clima que se vivia naquela casa. Eu tinha uma tia...

Mario Vargas Llosa

Desculpe a interrupção... Isso acontecia no povoado em que você nasceu, Aracataca?

Gabriel García Márquez

Sim, em Aracataca, o povoado onde nasci e que agora tendem a identificar com Macondo, não é?, e que é o povoado onde acontecem todas essas histórias. Pois eu contava que tinha uma tia que os que leram *Cem anos de solidão* poderão identificar imediatamente. Era uma mulher muito ativa. Passava o dia inteiro fazendo coisas em casa e uma vez sentou para tecer uma mortalha. Então eu perguntei: "Por que você está fazendo uma mortalha?" E ela respondeu: "Porque eu vou morrer, meu filho." Teceu sua mortalha e quando terminou se deitou e morreu. E foi amortalhada na sua mortalha. Era uma mulher muito estranha. É a protagonista de outra história estranha: uma vez estava bordando no corredor quando chegou uma garota com um ovo de galinha muito peculiar, um ovo de galinha que tinha uma protuberância. Não sei por que aquela casa era uma espécie de consultório de todos os mistérios do povoado. Cada vez que acontecia alguma coisa que ninguém entendia, iam até a casa e perguntavam, e geralmente aquela senhora, aquela tia, tinha sempre a resposta. Eu ficava encantado com a naturalidade com que resolvia essas coisas. Voltando à garota do ovo, perguntou a ela: "Veja só, por que esse ovo tem essa protuberância?" Então ela olhou para a garota e disse: "Ah, porque é um ovo de basilisco. Façam uma fogueira no quintal." Fizeram a fogueira e queimaram o ovo com grande naturalidade. Acho que essa naturalidade me deu a chave de *Cem anos de solidão*, onde são contadas as coisas mais espantosas, as coisas mais extraordinárias, com a mesma cara de pau com que aquela tia disse que queimassem no quintal um ovo de basilisco, que eu nunca soube o que era.

Mario Vargas Llosa

Bem, isso que você está dizendo é, de certa forma, uma demonstração daquela frase sua de que o escritor parte sempre de experiências pessoais. Mas as pessoas que não leram a obra de Gabriel, *Cem anos de solidão*, podem ficar com a impressão de que ele escreveu livros autobiográficos, e em *Cem anos de solidão*, além das coisas que aconteceram com o avô de Gabriel ou coisas que o avô de Gabriel contou quando ele era menino, acontecem também coisas muito surpreendentes: há tapetes voadores que levam as meninas para passear sobre a cidade; tem uma mulher que sobe ao céu em corpo e alma; tem um casal que faz amor e, no momento de fazer, propaga a fecundidade e a fertilidade à sua volta. Acontecem milhares de coisas maravilhosas, surpreendentes, inverossímeis. Sem dúvida, uma parte do material que um escritor usa nos seus livros são experiências pessoais. Mas tem outra parte que vem da imaginação e de outro elemento que, diríamos, é cultural. Eu gostaria que você nos falasse deste último elemento, ou seja, que leituras influíram mais em você quando escrevia seus livros?

Gabriel García Márquez

Conheço bem o Vargas Llosa e sei para onde ele está tratando de me levar. Quer que eu diga que tudo isso vem do romance de cavalaria. E de certo modo ele tem razão, porque um dos meus livros favoritos, que continuo lendo e pelo qual tenho imensa admiração, é *Amadis de Gaula*. Acho que é um dos grandes livros escritos na história da humanidade, apesar de Mario Vargas Llosa achar que é *Tirant lo Blanc*. Mas não vamos cair nesse tipo de discussão. Como você lembra, no romance de cavalaria, como dizíamos de vez em quando, cortam a cabeça do cavaleiro tantas vezes quantas forem necessárias para a narrativa. No capítulo III, há um grande combate e precisam cortar a cabeça do cavaleiro, e ela é cortada, e no capítulo IV o cavaleiro aparece com sua cabeça, e, se for preciso, em outro combate tornam a cortá-la. Essa liberdade narrativa desapareceu junto com o romance de cavalaria, onde se encontravam coisas tão extraordinárias como as que agora encontramos todos os dias na América Latina.

Mario Vargas Llosa

Ao ler *Cem anos de solidão*, encontrei num capítulo uma palavra que me pareceu que era uma palavra-chave que você tinha colocado ali, como tinha posto alguns nomes de personagens de outros autores, outros autores que, enfim, ou são seus amigos ou você admira, e a quem quis render essa homenagem furtiva no seu livro. Ao ler o capítulo das trinta e duas guerras do coronel Aureliano Buendía, descobri uma capitulação que esse coronel assina num lugar chamado Neerlândia. Achei que essa palavra tinha umas ressonâncias de cavalaria... Acho, inclusive, que essa palavra aparece como uma cidade ou como um lugar em algum momento do *Amadis*. Pensei que se tratava de uma homenagem, uma reivindicação desse livro que foi tão caluniado.

Gabriel García Márquez

Não, o que acontece é que a identidade, ou seja, as relações entre a realidade da América Latina e o romance de cavalaria são tão grandes que é provável que se caia na suposição em que você caiu. Mas a verdade é que as guerras civis da Colômbia acabaram com a capitulação de Neerlândia. Tem outra coisa. Quem leu meus livros acha que o duque de Marlborough perdeu a guerra civil na Colômbia como ajudante do coronel Aureliano Buendía. E a verdade disso é que, quando eu era pequeno, cantava a canção que todos os meninos cantam: "Mambrú foi para a guerra", não é? Eu perguntei para a minha avó quem era esse Mambrú e que guerra era aquela, e minha avó, que evidentemente não tinha a menor ideia, me disse que era um senhor que lutava com meu avô na guerra... Mais tarde, quando me dei conta de que Mambrú era o duque de Marlborough, achei que era melhor o que tinha dito a minha avó, e fui deixando assim.

Tem algo mais que chamou muito a atenção em *Cem anos de solidão*, que é a moça muito bela e muito tonta que sai ao jardim para dobrar uns lençóis e de repente vai em corpo e alma para o céu. A explicação para isso é muito mais simples, muito mais banal do que parece. Havia uma moça que correspondia exatamente à descrição que faço de Remédios, a Bela, em *Cem anos de solidão*. E que fugiu de casa com um homem, e a família não quis enfrentar a vergonha e disse, com a mesma cara de pau, que a tinha visto dobrando uns lençóis no jardim e que depois tinha subido para o céu... No momento de escrever, prefiro a versão da família, a versão com que a família protege a sua vergonha, prefiro essa versão à real, de que fugiu com um homem, que é uma coisa que acontece todos os dias e que não teria graça nenhuma.

Mario Vargas Llosa

Você poderia nos falar, talvez, do realismo na literatura. Discute-se muito que coisa é o realismo, quais são os limites do realismo, e diante de um livro como o seu, em que acontecem coisas muito reais, muito verossímeis, ao lado de coisas aparentemente irreais, como essa moça que literalmente sobe para o céu, ou um homem que promove trinta e duas guerras, é derrotado em todas e sai ileso... Bem, de maneira geral, pode-se dizer que no seu livro há uma série de episódios que são pouco prováveis. Episódios mais poéticos, visionários, e não sei se isso pode autorizar minha interpretação para uma qualificação do livro como fantástico, como não realista. Você acha que é um escritor realista ou um escritor fantástico, ou acha que não se pode fazer essa diferenciação?

Gabriel García Márquez

Não, não. Eu acho que particularmente em *Cem anos de solidão* eu sou um escritor realista, porque creio que na América Latina tudo é possível, tudo é real. É um problema técnico na medida em que o escritor tem dificuldade de transcrever os acontecimentos que são reais na América Latina porque, num livro, ninguém acreditaria neles. Mas o que acontece é que nós, escritores latino-americanos, não percebemos que nas histórias das avós há uma fantasia extraordinária, na qual as crianças, para quem estão sendo contadas, acreditam, e temo que contribuem para formá-las, e são coisas extraordinárias, são coisas de *As mil e uma noites*, não é? Vivemos rodeados dessas coisas extraordinárias e fantásticas, e os escritores insistem em nos contar uma realidade imediata sem nenhuma importância. Eu creio que temos que trabalhar na pesquisa da linguagem e de formas técnicas do conto, para que toda a fantástica realidade latino-americana faça parte dos nossos livros e que a literatura latino-americana corresponda na realidade à vida latino-americana, em que acontecem as coisas mais extraordinárias todos os dias, como os coronéis que fizeram trinta e quatro guerras civis e perderam todas, ou como, por exemplo, esse ditador de El Salvador, cujo nome não lembro agora, que inventou um pêndulo para descobrir se os alimentos estavam envenenados, e punha o pêndulo sobre a sopa, sobre a carne, sobre o peixe. Se o pêndulo se inclinasse para a esquerda, ele não comia, e, se se inclinasse para a direita, comia. Pois bem: esse mesmo ditador era um teósofo. Houve uma epidemia de varíola, e seu ministro da Saúde e seus assessores disseram o que havia de ser feito, mas ele disse: "Eu sei o que é preciso fazer: tapar com papel vermelho todas as luzes públicas do país." E houve uma época em que, no país inteiro, as lâmpadas dos postes foram cobertas com papel vermelho. Essas coisas acontecem todos os dias na América Latina, e nós, os escritores latino-americanos, na hora de sentar para escrever sobre elas, em vez de aceitá-las como realidade, começamos a polemizar, a racionalizar, dizendo "isso não é possível, o que acontece é que esse aí era um louco" etc. Todos nós começamos a dar uma série de explicações racionais que falseiam a realidade latino-americana. Eu creio que o que é preciso fazer é assumi-la de frente, entender que é uma forma de realidade que pode dar algo novo à literatura universal.

Mario Vargas Llosa

Uma coisa que me surpreendeu nos seus livros é o fato de que quase todos os personagens de *Cem anos de solidão* tivessem os mesmos nomes e que todos esses nomes se repetissem. Os homens se chamam José Arcádio ou Aureliano e as mulheres se chamam Úrsula. A que se deve isso? Foi planejado ou espontâneo?

Gabriel García Márquez

Tem alguém aqui que não tenha o nome do pai?

Mario Vargas Llosa

Bem, eu digo isso porque me surpreendi muito quando você me apresentou seu irmão menor, que também se chama Gabriel...

Gabriel García Márquez

Olha, o que acontece é que eu era o mais velho de doze irmãos, e saí de casa aos 12 anos e voltei quando estava na universidade. Nasceu então meu irmão caçula, e minha mãe dizia: "Bem, perdemos o primeiro Gabriel, mas eu quero ter um Gabriel em casa." Eu acho que o que nós temos que fazer é aceitar as coisas como vemos, sem tentar explicá-las. Eu poderia continuar explicando indefinidamente todas as coisas que parecem misteriosas e extraordinárias em *Cem anos de solidão* e que sempre têm uma explicação totalmente realista, como a que meu irmão caçula também se chama Gabriel.

Mario Vargas Llosa

Bem, então eu acho que assim já temos dois elementos fixos sobre os quais o escritor trabalharia: experiências pessoais e experiências culturais, que seriam as leituras. Mas nos seus livros, junto com uma grande fantasia, junto com uma imaginação transbordante, e além disso um domínio das técnicas da escrita do romance, há também dois fatos que me impressionaram muito: que, com essa realidade um tanto visionária, essa realidade familiar, cotidiana, contada em *Cem anos de solidão*, também exista uma realidade de tipo histórico e social. Quer dizer, as guerras do coronel Aureliano Buendía de alguma forma representam, ou transpõem, um período da história colombiana. Já não se trata de um mundo puramente imaginário, mas de uma referência a uma realidade muito concreta. Macondo, esse povoado onde acontecem essas coisas maravilhosas, é também um povoado onde a gente reconhece uma problemática latino-americana. Macondo é um povoado onde há plantações de banana que trazem primeiro os aventureiros, depois uma companhia estrangeira. Há um capítulo onde eu creio que você descreveu com grande maestria o problema da exploração colonial da

América Latina. Esse seria um novo elemento dentro da sua obra. Eu gostaria que você, de algum modo, explicasse isso.

Gabriel García Márquez

Essa história das bananeiras é totalmente real. O que acontece é que há um destino singular na realidade latino-americana e, inclusive, em casos como o das bananeiras, que são tão dolorosos, tão duros, que tendem, de todas as maneiras, a se converter em fantasmas. Com a companhia bananeira começou a chegar a essa aldeia gente do mundo inteiro, e era muito estranho, porque nesse povoadozinho da costa atlântica da Colômbia houve um momento em que se falavam todos os idiomas. As pessoas não se entendiam entre si. E havia tal prosperidade — quer dizer, o que entendiam por prosperidade — que queimavam notas de dinheiro enquanto dançavam cúmbia. A cúmbia é dançada com uma vela acesa, e os simples peões e operários das plantações de banana acendiam notas de dinheiro em vez de velas, e isso acabou fazendo com que um peão das bananeiras ganhasse, por exemplo, duzentos pesos por mês, e o prefeito e o juiz municipal, sessenta. Assim, não havia autoridade real, e a autoridade era venal, porque a companhia bananeira, com qualquer propina que passasse a eles, só de molhar suas mãos, era dona da justiça e do poder em geral. Chegou o momento em que essa gente toda começou a tomar consciência, consciência sindical. Os operários começaram a pedir coisas básicas porque o serviço médico se resumia a dar uma pilulazinha azul a todos que chegassem com qualquer doença. Eram postos em fila e uma enfermeira metia na boca de todos eles uma pilulazinha azul. Não me diga que não há uma imensa quantidade de poesia nessa pilulazinha azul... E isso chegou a ser tão crítico e tão cotidiano que as crianças faziam fila na frente do dispensário, recebiam na boca a pilulazinha azul, que tiravam da boca e levavam para marcar com elas os números da loteria. Chegou um momento em que por causa disso pediram que os serviços médicos melhorassem, que pusessem latrinas nos acampamentos dos trabalhadores, porque tudo que tinham era uma privada portátil, uma para cada cinquenta pessoas, e que era trocada a cada Natal... E havia também outra coisa: os barcos da companhia bananeira chegavam a Santa Marta, embarcavam a banana e levavam para Nova Orleans. Mas, na volta, vinham vazios. A companhia não encontrava forma de financiar as viagens de volta. O que fizeram foi simplesmente trazer mercadoria para os armazéns da companhia, e não pagavam aos trabalhadores em dinheiro, mas em vales para que comprassem nesses armazéns. Quer dizer: davam a eles uns vales, com os quais compravam nos armazéns onde só se vendia o que a companhia bananeira trazia em seus barcos. Os trabalhadores pediam que fossem pagos em dinheiro, e não em vales para comprar nos armazéns. Fizeram uma greve e paralisaram tudo, e, em vez de resolver o problema, o que o governo fez foi mandar o exército. Os trabalhadores foram concentrados na estação de trem, porque se supunha que um ministro viria para resolver a coisa, e o que aconteceu foi que o exército cercou os trabalhadores na estação e deu a eles cinco minutos para se retirar. Ninguém se retirou, e foram massacrados.

Digo a você que essa história do livro eu vim a conhecer dez anos depois que aconteceu, e quando encontrava as pessoas algumas me diziam que sim, era verdade, e outras que não. Havia quem dissesse: "Eu estava lá, e sei que não houve mortes. O pessoal se retirou pacificamente, não aconteceu absolutamente nada." E havia quem dissesse que sim, que houve mortes, que viram, que assim foi morto um tio, e insistiam nessas coisas. O que acontece é que, na América Latina, por decreto se esquece um acontecimento de uns três mil mortos... Isso, que parece fantástico, foi tirado da mais miserável realidade cotidiana.

Mario Vargas Llosa

Bem, dizem que uma vez o governo brasileiro suprimiu uma epidemia com um decreto...

Gabriel García Márquez

Voltamos ao mesmo ponto: começamos a procurar exemplos, e encontramos milhares.

Mario Vargas Llosa

Ou seja, o episódio da matança dos trabalhadores não só é histórico, mas...

Gabriel García Márquez

Não só é histórico, e no meu romance aparece o número do decreto que autorizava a matar os trabalhadores à bala, e aparece o nome do general que assinou o decreto e o nome do seu secretário. Está lá. Isso está nos arquivos nacionais, e agora leem o romance e pensam que é um exagero...

Mario Vargas Llosa

Bem, mas o curioso do episódio da matança é que de modo algum parece encaixado ali de maneira artificial. Creio que está perfeitamente integrado ao clima um pouco fantasmagórico que o livro tem. O próprio fato de que o sobrevivente dessa matança no final ressuscite — bem, nunca se chega a saber se ressuscita, ou se foi morto, ou se é um sobrevivente —, essa ambiguidade em que você mantém o episódio, é muito interessante.

Gabriel García Márquez

No México, por exemplo, ninguém se convencia de que Emiliano Zapata estava morto.

Mario Vargas Llosa

Então creio que já temos uma ideia dos materiais com que você trabalhou, os materiais com que o escritor trabalha: experiências pessoais, experiências culturais, fatos históricos, fatos sociais. Agora, o problema máximo é converter todos esses materiais, todos esses ingredientes, em literatura... Em fazer tudo isso passar pela linguagem e se transformar em uma realidade imaginária.

Gabriel García Márquez

Esse é um problema puramente técnico.

Mario Vargas Llosa

Bem, eu gostaria que você falasse um pouco dos problemas técnicos, dos problemas de linguagem e de técnicas que você precisou que...

Gabriel García Márquez

Veja: eu comecei a escrever *Cem anos de solidão* quando tinha 16 anos...

Mario Vargas Llosa

Por que não falamos agora dos seus primeiros livros? A começar pelo primeiro.

Gabriel García Márquez

É que o primeiro foi justamente *Cem anos de solidão*... Eu comecei a escrever esse livro e, de repente, percebi que era um "pacote" grande demais. Queria me sentar para contar as mesmas coisas que contei agora...

Mario Vargas Llosa

Você já queria contar, naquela idade, a história de Macondo?

Gabriel García Márquez

Não só isso mas escrevi naquele momento um primeiro parágrafo que é o mesmo primeiro parágrafo que está em *Cem anos de solidão*. Mas percebi que não podia com o "pacote". Eu mesmo não acreditava no que estava contando. Mas, como sabia que era verdadeiro o que estava contando, percebi também que a dificuldade era puramente técnica, quer dizer, eu não dispunha dos elementos técnicos e da linguagem para que fosse crível, para que fosse verossímil. Então fui deixando de lado e, enquanto isso, trabalhei em quatro livros. Minha grande dificuldade sempre foi encontrar o tom e a linguagem para que aquilo fosse crível.

Mario Vargas Llosa

Mas você, quando tinha 17 anos e tinha a intenção de escrever esse livro, já se sentia escritor, um homem que ia se dedicar exclusivamente a escrever, que o seu destino ia ser a literatura?

Gabriel García Márquez

Bem, aconteceu um episódio que, só neste momento me dou conta, provavelmente foi o episódio decisivo na minha vida de escritor. Nós — quer dizer, minha família e todos — saímos do povoadozinho de Aracataca, onde eu vivia quando tinha 8 ou 10 anos. Fomos morar em outro lugar, e quando eu tinha 15 anos fiquei sabendo que minha mãe ia até Aracataca para vender aquela casa da qual falamos, que estava cheia de mortos. Então, de uma forma muito natural, disse a ela: "Vou junto, acompanho você." E chegamos a Aracataca, e encontrei tudo exatamente igual, mas um pouco transposto, poeticamente. Ou seja, eu via através das janelas das casas uma coisa que todos comprovamos: como aquelas ruas que imaginamos largas se tornavam pequeninas, e elas não eram tão altas como imaginávamos. As casas eram exatamente iguais, mas estavam carcomidas pelo tempo e pela pobreza, e através das janelas víamos que eram os mesmos móveis, mas na realidade quinze anos mais velhos. E era um povoado empoeirado e calorento. Era um meio-dia terrível, respirava-se pó. É uma aldeia onde foram fazer um tanque para o aqueduto e tinham que trabalhar de noite, porque de dia não conseguiam pegar as ferramentas por causa do calor que fazia. Então minha mãe e eu atravessamos o povoado como quem atravessa uma cidade fantasma: não havia uma alma na rua. E eu estava absolutamente convencido de que minha mãe estava sofrendo a mesma coisa que eu sofria, de ver como o tempo havia passado por aquele povoado. E chegamos a uma pequena botica que havia numa esquina, onde uma senhora estava costurando. Minha mãe entrou, se aproximou daquela senhora e disse a ela: "Como vai, comadre?" Ela ergueu a vista, e se abraçaram e choraram durante meia hora. Não se disseram uma única palavra, mas choraram durante meia hora. Nesse exato instante me surgiu a ideia de contar por escrito tudo o que passou naquele episódio.

Mario Vargas Llosa

Que idade você tinha na época?

Gabriel García Márquez

Naquele momento, eu tinha 15 anos. Aos 17 comecei a escrever essa história e descobri que não conseguia, pois faltavam os elementos técnicos. A história, eu tinha completa. Então precisei escrever quatro livros para aprender a escrever *Cem anos de solidão*. Por isso, a primeira grande dificuldade é aprender a escrever. Essa é a parte que eu acho misteriosa, a parte inata, a que faz com que uma pessoa seja escritor ou seja estenógrafo. Aprende-se lendo, trabalhando, sobretudo sabendo uma coisa: que escrever é uma vocação excludente, que todo o resto é secundário. Que a única coisa que a gente quer é escrever.

Mario Vargas Llosa

Mas antes de escrever livros você fez muitas outras coisas, não é? No princípio você não podia converter a literatura numa atividade excludente, e fez jornalismo, principalmente. Por que não nos conta um pouco como conseguiu conciliar a atividade jornalística com a atividade literária antes de escrever *Cem anos de solidão*?

Gabriel García Márquez

Bem, não se trata de conciliar, porque sempre foram atividades secundárias. Eu sempre considerei que eram atividades para comer. O que eu queria era ser escritor, mas precisava viver de outra coisa.

Mario Vargas Llosa

Você acredita que essas atividades paralelas dificultavam o exercício da sua vocação ou na verdade ajudavam, estimulavam e agregavam experiência?

Gabriel García Márquez

Veja, durante muito tempo eu achei que ajudavam, mas na realidade tudo dificulta o ofício do escritor, toda atividade secundária. O que se quer é ser escritor, e todo o resto que precisa ser feito importuna e amargura muito, isso de precisar fazer outras coisas. Eu não estou de acordo com o que se dizia antes: que o escritor tinha que passar dificuldade e ficar na miséria para ser melhor escritor. Eu acredito de verdade que o escritor escreve muito melhor se tiver seus problemas domésticos e econômicos perfeitamente resolvidos, e que, enquanto tiver melhor saúde, e melhor estiverem seus filhos, e melhor estiver sua mulher, dentro dos níveis modestos em que nós, escritores, conseguimos transitar, sempre escreverá melhor. Não é verdade que as situações econômicas ruins ajudam, porque o escritor não quer fazer outra coisa a não ser escrever, e a melhor coisa para escrever é ter tudo isso resolvido.

Agora, também tem uma coisa: eu podia ter resolvido minha situação como escritor aceitando bolsas, aceitando subsídios, enfim, todas as formas que inventaram para ajudar o escritor, mas me neguei em absoluto, e sei que é uma coisa na qual nós, os chamados novos escritores latino-americanos, estamos de acordo. Com o exemplo de Julio Cortázar, nós acreditamos que a dignidade do escritor não pode aceitar subsídios para escrever, e que todo subsídio compromete de alguma maneira.

Mario Vargas Llosa

Subsídios de qual tipo? Porque o fato de que um escritor seja lido, ou auspiciado, ou alimentado por uma sociedade também é uma forma de subsídio indireto...

Gabriel García Márquez

Claro que se apresenta uma série de dificuldades que dependem do nosso sistema latino-americano. Mas você, e Cortázar, e Fuentes, e Carpentier, e outros estão demonstrando, com vinte anos de trabalho (de arrancar o lombo, como se diz), que os leitores acabam respondendo. Estamos tratando de demonstrar que na América Latina nós, escritores, conseguimos viver dos leitores, que são o único subsídio que podemos aceitar.

Mario Vargas Llosa

Bem, agora, acho que seria interessante a gente falar um pouco dos romancistas latino-americanos contemporâneos. Fala-se muito do *boom* do romance latino-americano e isso é, sem dúvida, uma realidade. Aconteceu uma coisa curiosa nos últimos dez ou quinze anos. Antes, acho que o leitor latino-americano tinha um preconceito em relação a qualquer escritor latino-americano. Pensava que um escritor, pelo fato de ser latino-americano, era ruim, a menos que demonstrasse o contrário. E que, inversamente, um escritor europeu era bom, a menos que demonstrasse o contrário. Agora acontece exatamente o inverso: o público do autor latino-americano cresceu loucamente, há uma audiência realmente assombrosa para os romancistas latino-americanos não apenas na América Latina mas na Europa, nos Estados Unidos. Os romancistas latino-americanos são lidos, são comentados muito favoravelmente. A que se deve esse fenômeno? O que é que aconteceu? O que você acha?

Gabriel García Márquez

Olha só, eu não sei. Eu estou muito assustado. Acho que existe um fator real...

Mario Vargas Llosa

Quero dizer o seguinte: não se pode dizer que o escritor latino-americano de trinta anos atrás era menos apto que o escritor latino-americano contemporâneo, mas quase sempre eram escritores "mobilizáveis".

Gabriel García Márquez

Sim, eram escritores que faziam outras coisas. Em geral, escreviam aos domingos ou quando estavam desocupados e acontecia uma coisa da qual não sei até que ponto estavam conscientes. E é que a literatura era seu trabalho secundário. Escreviam cansados, ou seja, depois de ter trabalhado em outra coisa se punham a escrever literatura, e estavam cansados. Você sabe perfeitamente que um homem cansado não consegue escrever... As melhores horas, as horas mais descansadas, devem ser dedicadas à literatura, que é o mais importante. Agora, eu não sei se o fenômeno do *boom* é na realidade um *boom* de escritores ou se é um *boom* de leitores, não é mesmo?

Mario Vargas Llosa

Você pensa que esse movimento de auge do romance latino-americano se deve principalmente ao fato de que os escritores latino-americanos contemporâneos são mais rigorosos com sua vocação, ou seja, se entregaram mais?

Gabriel García Márquez

Eu acho que é por causa daquilo que a gente estava dizendo antes. Que decidimos que a coisa mais importante é seguir a nossa vocação de escritores, e que os leitores se deram conta disso. No momento em que os livros ficaram realmente bons, os leitores apareceram. Isso é formidável. Eu acredito, por isso, que se trata de um *boom* de leitores.

Segunda parte

Gabriel García Márquez

Não sei por onde começar. Onde a gente parou?

Mario Vargas Llosa

Bem, acho que a última pergunta que fiz a você estava relacionada ao romance latino-americano contemporâneo. O auge do romancista latino-americano nestes anos, tanto em nossos países como na Europa e nos Estados Unidos. Então, parece que você me respondeu que esse *boom* de romancistas era principalmente um *boom* de leitores. Este auge se deveria ao crescimento do público leitor nos nossos dias e ao interesse que agora os leitores da América Latina têm pelos seus próprios autores, à diferença do que acontecia antes. Bem, eu gostaria de fazer uma pergunta, sempre em relação a esse *boom*, a esse grupo de escritores latino-americanos. Além do fato evidente de que hoje em dia cresceu o público leitor e o interesse latino-americano pelos autores dos nossos países, do ponto de vista do próprio autor, o que você acha que pode ter precipitado o auge, o apogeu da narrativa em todo o continente?

Gabriel García Márquez

Eu penso uma coisa: se o leitor me lê, isso pode ser interpretado como uma identificação do leitor com o autor. Então, imagino que o que está acontecendo é que nós acertamos em cheio.

Mario Vargas Llosa

Insistindo no romance latino-americano contemporâneo, existe outro fato também bastante curioso: a maior parte dos autores latino-americanos "da moda", digamos, mora fora dos seus países. Cortázar mora na França há doze anos; agora, Fuentes mora na Itália; você morou, creio eu, doze ou catorze anos fora da Colômbia, e assim poderiam ser citados muitos outros exemplos. Muita gente, jornalistas e estudantes, se pergunta sobre esse fenômeno com certa preocupação. O que questionam é se o exílio voluntário desses autores não causa danos, de alguma forma, ao depoimento que oferecem da sua própria realidade. Se a distância, se a ausência não malogram suas perspectivas, não os levam — de maneira inconsciente, claro — a falsear sua própria realidade. O que você acha desse problema?

Gabriel García Márquez

Sim. Muitas vezes me fizeram essa pergunta na Colômbia, principalmente os universitários. Quando me perguntam por que não moro na Colômbia, eu sempre respondo: "E quem disse que não?" Quero dizer: na verdade, faz catorze anos que saí de lá e continuo morando na Colômbia, pois estou perfeitamente informado de tudo que acontece no país. Mantenho contato por correspondência, recortes de jornais e revistas, e estou sempre em dia com tudo que acontece por lá. Agora, não sei se será uma casualidade o fato de que todos os romancistas latino-americanos "da moda" vivam fora dos seus países. No meu caso concreto, sei exatamente por que prefiro morar fora da Colômbia. Não sei se isso acontece em outros países, mas na Colômbia se começa a ser escritor antes de começar a escrever. Na primeira manifestação literária, no primeiro conto publicado e que tenha êxito, alguém já é escritor. Já põe a auréola de certa respeitabilidade que cria muitas dificuldades para trabalhar, porque todos nós, até o momento, tivemos que viver de atividades secundárias, porque nossos livros não nos davam do que viver. No exterior, o escritor goza de certa impunidade. Em Paris vendi garrafas velhas, no México escrevi roteiros de televisão sem assinar, ou seja, coisas que nunca teria escolhido fazer na Colômbia. E, no entanto, no exterior faço isso muito bem, e na Colômbia não se sabe muito bem do que estou vivendo. Faço de tudo, o que me permite continuar escrevendo livros, que é a única coisa que me interessa, e a verdade é que, em qualquer parte do mundo onde estiver, estarei escrevendo um romance colombiano, um romance latino-americano.

Mario Vargas Llosa

Eu gostaria que você explicasse um pouco isso: em que sentido você se considera um romancista latino-americano? Pelos temas que aborda? Faço essa pergunta porque poderia citar um exemplo, o de Borges, digamos. A maior parte da sua obra aborda temas que no fundo não poderiam ser considerados temas argentinos.

Gabriel García Márquez

Olha só, eu não vejo o latino-americano em Borges, e foi bom tocar nesse assunto porque eu também compartilhava um pouco a ideia bastante generalizada de que Cortázar não é um escritor latino-americano. E essa ideia um pouco "guardada" que eu tinha retifiquei por completo agora, quando estive em Buenos Aires. Conhecendo Buenos Aires, essa imensa cidade europeia entre a selva e o oceano, depois do Mato Grosso e antes do polo sul, se tem a impressão de estar vivendo dentro de um livro do Cortázar, quer dizer, o que parecia europeizante em Cortázar é o europeu, a influência europeia que Buenos Aires tem. Agora eu tive a impressão, em Buenos Aires, de que os personagens de Cortázar se encontram pelas ruas em tudo que é canto. Mas, assim como me dou conta de que Cortázar é profundamente latino-americano, não encontrei esse aspecto em Borges...

Mario Vargas Llosa

É uma simples comprovação ou é uma qualificação quando você diz que acha que a literatura de Borges não parece argentina ou latino-americana? E sim uma literatura cosmopolita, uma literatura que tem raízes históricas em...

Gabriel García Márquez

Eu penso que é uma literatura de evasão. Com Borges acontece uma coisa comigo: Borges é um dos autores que eu mais leio e mais li, e talvez o de quem menos gosto. Leio Borges por causa da sua extraordinária capacidade de artifício verbal. É um homem que ensina a escrever, ou seja, que ensina a afinar o instrumento para dizer as coisas. Nesse ponto de vista, é, sim, uma qualificação. Creio que Borges trabalhe sobre realidades mentais, é pura evasão. Já Cortázar, não.

Mario Vargas Llosa

Pois eu acho que a literatura de evasão é uma literatura que escapa a uma realidade concreta, a uma realidade histórica. Digamos que é uma literatura obrigatoriamente menos importante, menos significativa, que uma literatura que busca seu material numa realidade concreta.

Gabriel García Márquez

Eu, pessoalmente, não me interesso por essa literatura. Creio que toda grande literatura tem que se fundar sobre uma realidade concreta. Mas isso me faz recordar algo que conversamos. Lembro que você chegava à conclusão de que nós, romancistas, somos abutres que se alimentam da carniça de uma sociedade em decomposição, e acho que seria interessante que você recordasse aqui o que me dizia, não sei se lembra, em Caracas.

Mario Vargas Llosa

Bem, mas o entrevistado é você...

Gabriel García Márquez

Não, não... é que concordo totalmente com essa sua ideia. Eu mesmo poderia explicar, mas me parece que seria uma bobagem, estando na sua frente, deixo que você exponha. Eu sou totalmente solidário.

Mario Vargas Llosa

Isso é golpe baixo, mas enfim... Sim, eu penso que há uma relação curiosa entre o apogeu, a atitude ambiciosa, ousada, dos romancistas e a situação de crise de uma sociedade. Creio que uma sociedade estabilizada, uma sociedade mais ou menos imóvel, que atravessa um período de bonança, de grande apaziguamento interno, essa sociedade estimula muito menos o escritor que uma sociedade que se encontre, como a sociedade latino-americana contemporânea, corroída por crises internas e de alguma forma perto do apocalipse. Quer dizer, imersa num processo de transformação, de mudança, que nós não sabemos para onde nos levará. Creio que essas sociedades que se parecem um pouco com os cadáveres são as que mais excitam os escritores, as que proveem os escritores de temas fascinantes. Mas isso me leva a fazer a você outra pergunta em relação aos romancistas latino-americanos contemporâneos. Você dizia — e eu acho que é exatamente assim — que o público dos nossos países se interessa hoje em dia pelo que escrevem os autores latino-americanos porque esses autores de alguma maneira acertaram em cheio, ou seja, estão mostrando aos leitores suas próprias realidades, estão fazendo com que tomem consciência das realidades em que vivem. Agora, é indiscutível que existe pouca afinidade entre escritores latino-americanos. Você apontou a diferença que existe na obra de dois argentinos, Cortázar e Borges, mas as diferenças são muito maiores, abismais, se compararmos Borges com um Carpentier, por exemplo, ou Onetti com você mesmo, ou Lezama Lima com José Donoso. São obras muito diferentes do ponto de vista das técnicas, do estilo, e também do conteúdo. Você acha que é possível apontar um denominador comum entre todos esses escritores? Quais seriam as afinidades entre eles?

Gabriel García Márquez

Bem, não sei se estarei sendo um pouco sofista ao dizer a você que creio que as afinidades desses escritores estão precisamente nas suas diferenças. E explico: a realidade latino-americana tem diferentes aspectos, e eu acredito que cada um de nós está tratando de diferentes aspectos dessa realidade. É nesse sentido que acredito que o que todos nós estamos fazendo é um romance só. Por isso, quando estou tratando de certo aspecto, sei que você está tratando de outro, Fuentes está interessado em outro que é totalmente diferente do que nós dois tratamos, mas todos são aspectos da realidade latino-americana. Por isso, não acho que seja por acaso quando você encontra em *Cem anos de solidão* um personagem que vai dar a volta ao mundo e de repente tropeça na passagem do fantasma do barco de Victor Hughes, que é um personagem de Carpentier em *O século das luzes*. Depois, tem outro personagem, o coronel Lorenzo Gavilán, que é personagem de *A morte de Artemio Cruz*, de Carlos Fuentes. Existe, além disso, outro personagem que eu coloco em *Cem anos de solidão*. Na verdade, não é um personagem, é uma referência: é um dos meus personagens que foi para Paris e morou num hotel da rue Dauphine, no mesmo quarto onde haveria de morrer Rocamadour, que é um personagem de Cortázar. Tem outra coisa que quero dizer a você, e é que eu estou absolutamente convencido de que a freira que leva o último Aureliano numa cestinha é a madre Patrocinio de *A casa verde*, porque — quer saber? — eu precisava de um pouco mais de referências dessa sua personagem para saber como tinha sido possível ir do seu livro ao meu, faltavam alguns dados, e você estava em Buenos Aires, andando por todos os lados. O ponto a que quero chegar é este: a facilidade com que, apesar das diferenças que existem, é possível fazer essa brincadeira, passar as personagens de um lado a outro, sem que soem falsas. É que existe um nível em comum, e o dia em que a gente encontrar o jeito de expressar esse nível, escreveremos o romance latino-americano verdadeiro, o romance latino-americano total, o que valerá para qualquer país da América Latina, apesar das diferenças políticas, sociais, econômicas, históricas...

Mario Vargas Llosa

Acho essa ideia sua muito estimulante. Agora, nesse romance total que estaria sendo escrito por todos nós, romancistas latino-americanos, e que representaria a realidade latino-americana total, você acha que também deve ter lugar, de alguma maneira, essa parte da realidade que é a irrealidade e onde justamente se move Borges com grande maestria? Você não acha que Borges está, de alguma forma, descrevendo, mostrando a irrealidade argentina, a irrealidade latino-americana? E que essa irrealidade é também uma dimensão, um nível, um estado dessa realidade total que é o domínio da literatura? Faço essa pergunta porque eu sempre tive problemas para justificar minha admiração por Borges.

Gabriel García Márquez

Ah, eu não tenho nenhum problema em justificar minha admiração. Tenho por ele uma grande admiração, leio todas as noites. Estou vindo de Buenos Aires com as

Obras completas de Borges. Carrego na mala de mão, vou ler todos os dias, mas é um escritor que detesto... Mas, em compensação, fico encantado com o violino que usa para expressar as suas coisas. Ou seja, precisamos dele para a exploração da linguagem, que é outro problema muito sério. Acredito que a irrealidade de Borges também seja falsa. Não é a irrealidade da América Latina. Aqui, entramos em paradoxos: a irrealidade da América Latina é uma coisa tão real e cotidiana, que está totalmente mesclada com o que se entende por realidade.

Mario Vargas Llosa

Bem, vamos agora falar um pouco sobre um domínio que está à margem da literatura, mas que também tem relação com ela: o domínio histórico. Creio que, principalmente nos nossos países, isso preocupa muito os leitores, os estudantes e os críticos. As relações que existem entre a atitude literária dos escritores e sua atitude política. Pensa-se que o escritor tem uma responsabilidade diante da sociedade que deve traduzir-se não apenas em obras, obras escritas, mas também em atitudes de tipo político. Eu gostaria que você explicasse sua posição pessoal a respeito desse problema. A relação que existe entre a sua atitude literária e a sua atitude política.

Gabriel García Márquez

Bem, antes de qualquer coisa, eu acho que o principal dever político de um escritor é escrever bem. Não só escrever bem numa prosa correta e brilhante, mas escrever bem, já não digo escrever sinceramente, mas de acordo com suas convicções. Penso que não se deve exigir concretamente do escritor que seja um militante político nos seus livros, como não se pede ao sapateiro que seus sapatos tenham conteúdo político. Percebo que o exemplo é bastante superficial, mas o que eu quero dizer é que não é correto pedir ao escritor que converta sua literatura em uma arma política, porque, na verdade, se o escritor tem uma formação ideológica e uma posição política, como creio que tenho, isso está implicado necessariamente na obra. Eu me surpreendi muito, por exemplo, quando o cineasta Torre Nilsson, em Buenos Aires, me disse que *Cem anos de solidão* era um belo romance, mas que infelizmente era um romance reacionário.

Mario Vargas Llosa

Por que ele disse isso?

Gabriel García Márquez

Não conseguiu explicar, mas soltou alguma coisa parecida com: "Neste momento, principalmente na América Latina, temos tantos problemas, tudo é tão terrível, que penso que o simples fato de fazer um romance belo já é reacionário." Eu fiquei tão preocupado que vou dar aqui um golpe baixo de novo: você acha que *Cem anos de solidão* é reacionário?

Mario Vargas Llosa

Não.

Gabriel García Márquez

E por que não? Está vendo? Já me criou um problema.

Mario Vargas Llosa

Creio que em *Cem anos de solidão* estão descritos objetivamente, nem mesmo indiretamente, parabolicamente como em outros livros (em Cortázar, por exemplo), problemas fundamentais da realidade social e política latino-americana. Entre as perguntas que eu fiz a você outro dia, havia duas que se referiam a todos esses episódios que transpõem, no seu romance, de alguma forma, a violência colombiana, o problema das guerrilhas, e também esses episódios que se referem às plantações de banana em Macondo. São plantações que trazem primeiro aventureiros e que depois trazem concretamente monopólios estrangeiros, que alienam a vida da população.

Gabriel García Márquez

Então você acredita que esse livro e todos os que estamos escrevendo neste momento ajudam o leitor a compreender a realidade política e social da América Latina?

Mario Vargas Llosa

O que eu creio é que toda boa literatura é irremediavelmente progressista, mas com omissão das intenções do autor. Um escritor com uma mentalidade como a de Borges, por exemplo, profundamente conservadora, profundamente reacionária, enquanto criador não é um reacionário, não é um conservador. Não encontro na obra de Borges (embora encontre nesses manifestos que ele assina) nada que proponha uma concepção reacionária da sociedade, da história, uma visão imobilista do mundo, uma visão, enfim, que exalte, digamos, o fascismo ou coisas que ele admira, como o imperialismo. Eu não encontro nada disso...

Gabriel García Márquez

Não, porque ele é evasivo até mesmo em relação às suas próprias convicções...

Mario Vargas Llosa

Penso que todo grande escritor, mesmo que seja reacionário, evita suas convicções para descrever a realidade autenticamente, tal como a vê, e eu não creio que a realidade seja reacionária.

Gabriel García Márquez

Sim, mas nós não fugimos das nossas convicções. Por exemplo: o drama todo das bananeiras está apresentado no meu romance de acordo com as minhas convicções. O partido que eu tomo é definitivamente a favor dos trabalhadores. Isso aparece claramente. Então, eu acredito que a grande contribuição política do escritor é não fugir nem das suas convicções nem da realidade, e sim ajudar o leitor, através da sua obra, a entender melhor qual é a realidade política e social do seu país ou do seu continente, da sua sociedade, e creio que essa é uma tarefa política positiva e importante, e creio também que essa é a função política do escritor. Essa e nenhuma outra, como escritor. Agora, como homem, pode ter uma militância política e não apenas pode como deve, porque é uma pessoa com audiência e então deve aproveitar essa audiência para exercer sua função política.

Mario Vargas Llosa

Há casos curiosos. Há casos de escritores com uma conduta cidadã progressista, até militante, cujas obras dão uma visão do mundo que contradiz suas próprias convicções. Não quero citar casos de autores latino-americanos que têm uma obra ainda em progresso, mas penso no caso de Roger Vailland, escritor com uma trajetória muito nobre, muito notável, de ativista, e que deixou quinze ou dezesseis livros cujo conteúdo me parece essencialmente reacionário, e não se pode duvidar de que isso ele não pôde prever jamais. No momento de escrever, ele obedeceu, seguiu certas obsessões que em última instância entraram em contradição com suas convicções.

Isso me leva a pensar que, no momento de escrever, o mais importante para o escritor, o mais autêntico, o que mostra mais profundamente quem ele é, não são suas convicções, mas suas obsessões.

Gabriel García Márquez

Sim, claro, se escreve com obsessões, mas eu penso que essas obsessões também são determinadas pelas convicções. Quer dizer, eu acho que, quando se entra numa contradição desse tipo, existe alguma falha em algum de dois aspectos: ou o autor não é sincero escrevendo, ou não está tão convencido das suas convicções.

Mario Vargas Llosa

Você acha que nenhum dos dois elementos é mais profundo que o outro, nem mais definitivo, no momento de criar? No seu caso, no caso de *Cem anos de solidão*, por exemplo, esse livro cujo tema preocupou você, uma obsessão de tantos anos, preocupou você de que forma? Na forma de ideias, na forma de certas convicções? Você queria mostrar o drama de Macondo, o drama das guerras civis colombianas, o drama das plantações de banana que trouxeram matanças e miséria para aquele lugar, ou na verdade o que queria mostrar ou libertar de você mesmo eram, sobretudo, certas histórias, certos episódios fantasmagóricos, ou queria libertar certos personagens cujas silhuetas se delineavam muito nitidamente? Era uma ideologia ou uma série de histórias o que impulsionou você a...?

Gabriel García Márquez

Creio que essa pergunta é para os críticos, porque, como já disse, o que eu queria era só contar uma boa história. Sempre tive consciência de estar contando uma boa história, contando como acredito que essa história deveria ser contada, e quando digo "acredito" já estou falando de todas as verdades: políticas, sociais, literárias, tudo. Eu buscava o romance total e penso que todos nós, na América Latina, estamos buscando o romance total. E num romance tem de ir tudo: convicções, obsessões, traições, lendas. Mas aqui já me perco porque sou um mau crítico dos meus próprios livros. Sou um pouco inconsciente, porque ponho num romance coisas que só depois trato de analisar, e descubro que estão de acordo com minhas convicções, com minhas obsessões. O que estou querendo dizer é que sou absolutamente sincero e sou incapaz de enganar a mim mesmo em momento algum, e tenho a convicção de que, quanto mais sincero eu for, mais impacto e mais poder de comunicação terá o livro.

Mario Vargas Llosa

Bem, isso me lembra um pouco daquilo que os franceses chamam de *la petite cuisine*, "a pequena cozinha" do escritor. Acho que pode interessar muito aqui aos estudantes saber como escreve um escritor, quais são os processos que cumpre na elaboração de um livro. Há impulsos fundamentais, como o desejo de contar uma história. Agora, desde que esse desejo se apodera de você até o momento em que o livro aparece publicado, ele passa por quais etapas, o que acontece?

Gabriel García Márquez

Bom, poderíamos falar de cada um dos livros que...

Mario Vargas Llosa

Penso que o caso de *Cem anos de solidão* seria interessante. Você contou numa entrevista que esse livro preocupou você durante muitíssimos anos, que começou a escrever várias vezes, depois deixou de lado, e que um dia, voltando de Acapulco para a Cidade do México, no meio da estrada, de repente viu o livro com tanta clareza que poderia até ditar tudo...

Gabriel García Márquez

Pois é. Mas, quando fiz essa declaração, me referia ao aspecto puramente formal do livro. Ou seja, o que me criou um problema durante muitos anos era o tom, a linguagem do livro. Quanto ao conteúdo do livro, à própria história, já estava redonda para mim, desde muito jovem ela estava completa. Agora eu estava me lembrando de alguém: Buñuel. Olhem só, vou dar uma volta para terminar no mesmo ponto. Luis Buñuel contou, uma vez, que a primeira ideia que teve para *Viridiana* foi uma imagem, a imagem de uma mulher belíssima, vestida de noiva, mas narcotizada, e um ancião tratava de violá-la. Então, ao redor dessa imagem, foi construindo a história inteira. Isso me surpreendeu muito porque, na verdade, a primeira ideia que tive de *Cem anos de solidão* foi a imagem de um velho levando um menino para conhecer o gelo.

Mario Vargas Llosa

E essa imagem parte de uma experiência pessoal?

Gabriel García Márquez

Parte dessa obsessão que tenho de voltar para a casa do meu avô que me levava ao circo. O gelo era uma curiosidade do circo porque o povoado era terrivelmente quente, onde não se conhecia o gelo, e então o gelo vinha como vem um elefante ou como vem um camelo. Em *Cem anos de solidão*, aparece essa imagem do velho levando o menino para conhecer o gelo, e repare que o gelo está numa tenda de circo, e é preciso pagar ingresso e tudo. Ao redor disso, o livro foi se construindo. Em relação a todas as histórias, ao conteúdo, ao argumento, eu não tive nenhum problema: era parte da minha vida, aquela na qual eu vinha pensando sempre. Tive apenas o trabalho de armar tudo, estruturar tudo.

Mario Vargas Llosa

E qual foi o problema de linguagem? Não digo que haja uma ruptura, mas creio que há um grande enriquecimento no que se refere à linguagem em *Cem anos de solidão* em relação à linguagem austera, precisa, muito funcional, nos seus livros anteriores.

Gabriel García Márquez

Sim, exceto *A revoada*. *A revoada* foi o primeiro livro que publiquei quando vi que não conseguia escrever *Cem anos de solidão*. E agora me dou conta de que o verdadeiro antecedente de *Cem anos de solidão* é *A revoada*, e no caminho está *Ninguém escreve ao coronel*, estão os contos de *Os funerais da Mamãe Grande* e está *O veneno da madrugada*.

Agora, o que acontece é que, naquela época, ocorreram coisas muito importantes na minha vida. Ou seja, quando publiquei *A revoada*, pensava que devia seguir por esse caminho, mas a situação política e social da Colômbia começou a se deteriorar de maneira muito grave, surgiu o que ficou conhecido como "a violência colombiana", e então, não sei, mas naquele momento tomei consciência política e me senti solidário com o drama do país. Então comecei a contar um tipo de história que era totalmente diferente do que me interessava antes, dramas relacionados diretamente com o problema político e social da Colômbia naquele momento. Eu não estava de acordo com a forma com que estavam tratando outros romancistas colombianos, que praticamente tratavam a violência como um inventário de mortos, como um documento. Eu sempre pensei que o ponto mais crítico da violência não era a quantidade de mortos, mas a terrível marca que ia deixando na sociedade colombiana, naquelas aldeias da Colômbia arrasadas pela morte. Além disso, havia uma coisa que me preocupava muito, e nisso, sim, existe algo místico, aquilo que todos nós, escritores, temos de místico: me preocupavam tanto os mortos quanto os assassinos. Eu me preocupava muitíssimo com as pessoas que eram massacradas, mas também com o policial que chegava na aldeia para massacrar. Então me perguntava o que tinha acontecido com aquele homem para que chegasse a esse ponto, de ir para matar. Eu tinha uma visão totalmente diferente da violência. Enquanto outros contavam o drama de como entravam na aldeia, e violavam mulheres, e decapitavam crianças, eu pensava na gravidade social daquilo e prescindia do inventário de mortos. Então escrevi *Ninguém escreve ao coronel*, em que a situação do coronel e a situação da aldeia são um pouco a consequência do estado de violência em que vivia o país, e digo o mesmo de *O veneno da madrugada*, que acontece numa aldeia onde se supunha que a violência já tinha passado. Eu trato de mostrar como ficou aquela aldeia quando a violência já tinha passado, e como não existe solução para essa violência com o sistema que é aplicado, e que essa violência vai continuar, e que a qual quer momento haverá um detonador que vai deflagrá-la outra vez. Ao dizer que me deparei com esses temas um tanto alheios a mim, já estou confessando a você coisas que realmente me são muito profundas, que me preocupam muito como escritor, porque sinto que *Ninguém escreve ao coronel*, uma das minhas histórias que teve êxito antes de *Cem anos de solidão*, não é um livro profundamente sincero. É um livro construído com o propósito de tratar problemas que não me interessavam profundamente, mas que eu considerava que deveriam me interessar porque me sentia um escritor comprometido com esse tema. Repare que nem *Ninguém escreve ao coronel*, nem *O veneno da madrugada*, nem a maioria dos contos de *Os funerais da Mamãe Grande* acontecem em Macondo. Acontecem em Macondo *A revoada* e *Cem anos de solidão*, porque senti que Macondo era um mundo totalmente alheio à sociedade que eu via naquele momento, e percebi que essas coisas que me interessavam naquele momento não podiam ser tratadas com a mesma linguagem com que havia tratado *A revoada* e com a qual eu queria tratar *Cem anos de solidão*. Então precisei buscar uma linguagem que fosse apropriada para contar essas coisas, e a diferença que você aponta entre a linguagem de *Cem anos de solidão* e a desses outros livros, com a exceção de *A revoada*, se deve ao fato de que o tema é totalmente diferente, e eu acho que cada tema necessita da linguagem que mais lhe convenha, e é isso que deve ser procurado. Por isso, não creio que exista um enriquecimento da linguagem em relação aos livros anteriores, mas que o tipo de material com que estava trabalhando em *Cem anos de solidão* requeria uma linguagem diferente. Então, não é que exista uma ruptura. Se amanhã eu encontrar outro argumento que necessite de uma linguagem diferente, trabalharei para encontrar essa linguagem, a que mais convier para que o relato seja mais eficaz.

Mario Vargas Llosa

Entendo. Bem, eu me referia a um enriquecimento também nesse sentido, porque creio que, além do mais, existe um enriquecimento da linguagem de acordo com a temática.

Gabriel García Márquez

O que eu quero dizer é que há um enriquecimento da linguagem porque a temática exigia, porque não era a temática anterior. O que me intriga é se esses livros parecem escritos pela mesma pessoa que escreveu *Cem anos de solidão*.

Mario Vargas Llosa

Eu acho que parecem, com certeza. Mas agora o que me surpreende é isso que você acabou de dizer, que os livros que foram escritos entre *A revoada* e *Cem anos de solidão* correspondem, de alguma maneira, a outro mundo, que têm outro conteúdo. Eu penso que tanto *O veneno da madrugada* como *Ninguém escreve ao coronel* e *Os funerais da Mamãe Grande* também estão contando aspectos parciais da história de Macondo, ou seja, a que você sintetiza e aperfeiçoa no seu último romance. Não acho que *Ninguém escreve ao coronel* seja um livro mais comprometido que *Cem anos de solidão*.

Gabriel García Márquez

Sim, é mais comprometido conscientemente. Acho que esse é o erro do livro, e isso é o que me incomoda.

Mario Vargas Llosa

Mas em *Cem anos de solidão*, e talvez mais nos livros anteriores, principalmente em *Ninguém escreve ao coronel*, há uma série de motivos, de temas que você aborda, e que já foram tratados na narrativa costumbrista latino--americana. Eu me lembro do galo, do famoso galo de *Ninguém escreve ao coronel*. Bem, esse é um motivo recorrente em toda a literatura costumbrista. E esse folclore disfarçado de literatura se fez popular no romance latino-americano...

Gabriel García Márquez

É que era uma forma ruim de ver a realidade, de ver a própria realidade...

Mario Vargas Llosa

Eu queria perguntar justamente isso: você não evita? Não omite esses motivos que se...

Gabriel García Márquez

Não, não. É que eu acredito que no costumbrismo os elementos dados, os temas, o estilo de vida que encontramos são autênticos, mas vistos de maneira equivocada. Quer dizer, são reais, existem, isso sim, mas vistos de maneira equivocada. Então seria preciso vê-los com um olhar mais transcendental, mais a fundo, e não simplesmente do ponto de vista folclórico, que não fiquem no folclore.

Mario Vargas Llosa

O que você acha que ficou de toda essa literatura *criollista*? Concretamente, falo de gente dessa geração: Rómulo Gallegos, Jorge Icaza, Eustasio Rivera, Ciro Alegría, de toda essa geração que, de modo geral, pode ser chamada de "costumbrista", ou "nativista", ou "regionalista". O que ficou deles e o que desapareceu?

Gabriel García Márquez

Eu não gostaria de ser injusto. Creio que esse pessoal revolveu muito bem a terra para que nós, que viemos depois, pudéssemos semear mais facilmente. Não quero ser injusto com os avós.

Mário Vargas Llosa

Você acha que a dívida, do ponto de vista formal, do ponto de vista técnico, que os escritores latino-americanos contemporâneos têm é maior com autores europeus, norte-americanos, que com os antigos narradores latino-americanos?

Gabriel García Márquez

Creio que a maior dívida que nós, novos romancistas, temos é com Faulkner. É curioso... Estão me atribuindo uma influência permanente de Faulkner. E, agora que percebi que foram os críticos que me convenceram de que tenho uma influência de Faulkner, estou disposto a rechaçar essa influência que é inteiramente provável. Mas o que me surpreende é que se trata de um fenômeno generalizado. Acabo de ler setenta e cinco romances inéditos para o concurso Primera Plana Sudamericana. São setenta e cinco romances inéditos de escritores latino-americanos e é raro encontrar um que não tenha influência de Faulkner. Claro que neles é mais visível porque são principiantes, está mais à flor da pele, mas Faulkner está presente em toda a narrativa da América Latina. E creio que... quero dizer, já esquematizando demais e provavelmente exagerando, creio que a grande diferença que existe entre os avós dos quais falamos há pouco e nós, a única diferença entre eles e nós, é Faulkner. Foi a única coisa que aconteceu entre essas duas gerações.

Mario Vargas Llosa

A que você atribui essa influência invasora de Faulkner? Se deve ao fato de que é o romancista mais importante da época contemporânea, ou simplesmente porque tinha um estilo tão pessoal, tão chamativo, tão sugestivo, que acabou sendo, por isso mesmo, tão imitado?

Gabriel García Márquez

Penso que é o método. O método "faulkneriano" é muito eficaz para contar a realidade latino-americana. Inconscientemente, foi isso que descobrimos em Faulkner. Quer dizer, nós estávamos vendo essa realidade, e queríamos contar essa realidade, e sabíamos que o método dos europeus não servia, nem o método tradicional espanhol. E de repente descobrimos o método "faulkneriano", adequadíssimo para contar essa realidade. No fundo, não é muito estranho, porque não me esqueço de que o condado de Yoknapatawpha faz margens com o mar do Caribe. Assim, de alguma forma, Faulkner é um escritor do Caribe, de alguma forma é um escritor latino-americano.

Mario Vargas Llosa

Além de Faulkner e do *Amadis de Gaula*, mencionado no outro dia, quais outros romancistas ou escritores em geral mais impressionaram você? Que autores releu, por exemplo?

Gabriel García Márquez

Eu releio um livro que é muito difícil saber o que tem a ver comigo, mas leio, e releio, e me apaixona. É o *Diário do ano da peste*, de Daniel Defoe. Não sei o que haverá nisso, mas é uma das minhas obsessões.

Mario Vargas Llosa

Vi que muitos críticos apontaram a influência, que me parece estranha, surpreendente, de Rabelais no que você escreve. O que acha dessa observação?

Gabriel García Márquez

Creio que a influência de Rabelais não está no que escrevo, mas na realidade latino-americana. A realidade latino-americana é totalmente rabelaisiana.

Mario Vargas Llosa

E como nasceu Macondo? É verdade que muitas das suas histórias não estão situadas em Macondo, mas no "povoado", não é? Mas eu não vejo uma diferença fundamental entre "o povoado" e Macondo. Acredito que, de certa forma, são dois nomes para a mesma coisa. Bem, como surgiu a ideia de escrever sobre esse povoado inexistente?

Gabriel García Márquez

Contei ontem. Foi àquela vez que voltei com minha mãe para Aracataca, o povoadozinho onde nasci. Não quero dizer que Aracataca seja Macondo. Para mim — não sei, espero que algum crítico descubra — Macondo é mais o passado, e, bem, como nesse passado era preciso colocar ruas e casas, temperatura e gente, pus a imagem desse povoado calorento, poeirento, acabado, arruinado, com umas casas de madeira e tetos de zinco, que se parecem muito com as do sul dos Estados Unidos. Um povoado que parece muito os povoados de Faulkner, porque foi construído pela United Fruit Company. Agora, o nome do povoado saiu de uma fazenda de banana que ficava muito perto e que se chamava Macondo.

Mario Vargas Llosa

Ah, o nome é real.

Gabriel García Márquez

É. Mas o povoado, não. É uma fazenda chamada Macondo. Soou bem para mim, por isso peguei.

Mario Vargas Llosa

Agora, tem um problema com Macondo. No seu último romance, no capítulo final, o povoado é arrebatado pelo vento, é levado pelos ares e desaparece. O que vai acontecer nos seus próximos livros? Você vai seguir Macondo em seu voo pelo espaço?

Gabriel García Márquez

Bem, o que acontece é o que falamos ontem do romance de cavalaria. Cortam a cabeça do cavaleiro quantas vezes a narrativa pedir, e não tenho absolutamente nenhum inconveniente em tornar a ressuscitar Macondo e esquecer que foi levada pelo vento, se for necessário para mim. Porque um escritor que não se contradiz é um escritor dogmático, e um escritor dogmático é reacionário, e a única coisa que eu não gostaria de ser é reacionário. Portanto, se amanhã eu precisar de Macondo outra vez, Macondo volta tranquilamente.

Mario Vargas Llosa

Ontem você antecipou para nós algo do romance que começou a escrever ou que pensa em escrever depois de *Cem anos de solidão*, *O outono do patriarca*. Você pode falar desse livro?

Gabriel García Márquez

Bem, eu sou um pouco supersticioso em relação a antecipar coisas sobre o livro que estiver escrevendo. É que me dá a impressão de que permitir que alguém se meta nisso exerce uma espécie de malefício, uma espécie de feitiço sobre o material no qual estou trabalhando. Então, sou muito cuidadoso. Sim, o romance do ditador está bastante avançado. Na verdade, o que quero criar é o personagem da América Latina para o qual tudo seja possível. Em *Cem anos de solidão*, eu também procurava o mundo no qual tudo fosse possível: em que os tapetes voassem; em que pessoas subissem ao céu de corpo inteiro; em que os Aurelianos fossem à missa da Quarta-feira de Cinzas, e recebessem na testa a cruz de cinzas, e essa cruz de cinzas ficasse neles para sempre, e, na noite em que fossem mortos, todos levassem um tiro, um por um, pela cruz de cinzas. Então continuei buscando um personagem que fosse verdadeiramente a síntese, o grande animal mitológico da América Latina, o personagem para quem tudo fosse possível e parece, para mim, que foram os grandes ditadores, primitivos, cheios de superstição e magia, de um poder imenso. Por isso quero que tenha 170 ou 180 anos, sei lá quantos. Que seu prato predileto sejam os ministros da Guerra conspiradores, assados e servidos com salada russa.

Mario Vargas Llosa

Esse ditador, esse patriarca do seu romance, não é inspirado nos ditadores da América, não é um ditador em particular?

Gabriel García Márquez

Não. Veja só, eu tratei de ler nos últimos anos tudo que foi escrito, toda a documentação que possa existir sobre o ditador latino-americano. Formei uma ideia do que é o personagem e agora estou tratando de esquecer tudo que li. Todas as histórias, tudo que conheço. E que esse ditador seja completamente diferente dos outros, mas que reste nele o aspecto essencial, limpo, nu, do personagem mitológico.

Mario Vargas Llosa

Você adiantou que se tratava, provavelmente, de um monólogo desse ditador.

Gabriel García Márquez

Sim. Comecei o livro três vezes, e sempre falhou porque eu não encontrava qual era exatamente a forma em que a história devia ser contada. Agora acho que encontrei, e foi um problema, porque aconteceu a solução na metade de *Cem anos de solidão* e me entusiasmei tanto que queria escrever um livro com uma das mãos e outro com a outra. Pensei que esse ditador tem que justificar toda a sua barbárie, toda a sua tremenda crueldade, sem que eu, como narrador, precise assumir seu ponto de vista. Ele mesmo tem que justificá-las. Então decidi que será um grande monólogo, o longuíssimo monólogo do ditador enquanto está sendo julgado pelo tribunal popular. Espero que dê certo e que nós dois nos encontremos aqui dentro de uns dois ou três anos para falar de *O outono do patriarca*.

Mario Vargas Llosa

Bem. Eu gostaria de fazer uma última pergunta. Primeiro, seus livros fizeram sucesso no seu país, fizeram você ficar conhecido e ser admirado na Colômbia, mas na verdade creio que *Cem anos de solidão* é o livro que lançou você bruscamente na popularidade. Isso de ter se transformado assim, da noite para o dia, numa vedete, num escritor assediado, em que medida você acha que pode influir no seu trabalho literário futuro?

Gabriel García Márquez

Olha só, não sei, mas criou grandes dificuldades para mim. Eu diria que influi negativamente. Dia desses pensava que, se soubesse que com *Cem anos de solidão* ia acontecer o que está acontecendo, vendendo feito pão quente e sendo devorado, se eu soubesse que isso ia acontecer, teria deixado de publicar esse livro, teria escrito *O outono do patriarca* e publicado os dois juntos. Ou teria esperado até ter escrito o livro novo para publicar o outro. Porque um romance que eu achava que já estava tão redondo, como é *O outono do patriarca*, agora já não sei, começo a duvidar do livro.

Mario Vargas Llosa

E você acredita que, de alguma forma, essa popularidade e esse temor das consequências do êxito influíram na sua decisão de ir embora da América Latina para morar na Europa?

Gabriel García Márquez

Eu vou escrever na Europa simplesmente porque e mais barato.

García Márquez por Vargas Llosa[1]

Descoberta de um autor

Eu trabalhava em Paris, na radiotelevisão francesa, e tinha um programa de literatura no qual comentava livros de latino-americanos que apareciam na França e que pudessem despertar interesse.

Em 1966 chegou um livro de um autor colombiano: *Pas de Lettre pour le colonel*. Era *Ninguém escreve ao coronel*. Gostei muito pelo seu realismo tão estrito, pela descrição tão precisa daquele velho coronel que continuava reclamando uma aposentadoria que nunca chegava. E me impressionei muito com aquele escritor que se chamava Gabriel García Márquez.

---

[1] "García Márquez por Vargas Llosa". *El País*, Madri, segunda-feira, 10 de julho de 2017. Este artigo reproduz trechos da entrevista que Vargas Llosa deu a Carlos Granés sobre sua amizade com Gabriel García Márquez, realizada na quinta-feira, 6 de julho de 2017, na Universidad Complutense de Madrid.

Romance a quatro mãos

Alguém nos pôs em contato, não sei se fui o primeiro a escrever para ele ou se foi ele quem me procurou, mas tivemos uma correspondência bastante intensa e fomos nos tornando amigos antes de nos encontrarmos cara a cara. Num determinado momento, surgiu o projeto de escrevermos um romance a quatro mãos sobre uma guerra que houve entre Peru e Colômbia na região do Amazonas. García Márquez tinha muito mais informação do que eu sobre aquela guerra, nas suas cartas me contava muitos detalhes, possivelmente muito exagerados para torná-los mais divertidos e pitorescos, mas esse projeto, para o qual fizemos tal troca de correspondência durante um bom tempo, eclipsou-se. Teria sido muito difícil romper a intimidade do que cada um escrevia e exibi-la ao outro.

Amizade à primeira vista

Na ocasião em que nos encontramos pessoalmente no aeroporto de Caracas, em 1967, já nos conhecíamos e já tínhamos lido um ao outro, mas a conexão foi imediata, a simpatia recíproca, e acho que quando saímos do aeroporto já éramos amigos. Quase diria amigos íntimos. Depois estivemos juntos em Lima, onde o entrevistei em público na Universidade de Engenharia, um dos poucos diálogos públicos de García Márquez, que era bastante reservado e resistia a enfrentar o público. Detestava entrevistas públicas porque no fundo tinha uma enorme timidez, uma grande reticência para falar de maneira improvisada. O contrário total do que era na intimidade, um homem enormemente loquaz e divertido, que falava com grande desenvoltura.

Devotos de Faulkner

Creio que o que mais contribuiu para nossa amizade foram as leituras: nós dois éramos grandes admiradores de Faulkner. Nessa correspondência que trocamos, falávamos muito de Faulkner, da maneira como nos havia posto em contato com a técnica moderna, com um jeito de contar sem respeitar a cronologia, mudando os pontos de vista... O denominador comum entre nós foram essas leituras. Ele havia tido uma enorme influência de Virginia Woolf. Falava muito dela. Eu, de Sartre, autor que acho que García Márquez nem tinha lido. Não tinha grande interesse pelos existencialistas franceses, muito importantes na minha formação. Por Camus acho que sim, mas ele tinha lido mais literatura anglo-saxã.

Ser latino-americanos

Ao mesmo tempo, nós dois estávamos descobrindo que, mais que peruanos ou colombianos, éramos escritores latino-americanos, pertencíamos a uma pátria comum que até então tínhamos conhecido pouco, e com a que mal e mal tínhamos nos identificado. A consciência que existe hoje de América Latina como unidade cultural praticamente não existia quando éramos jovens. Isso começou a mudar a partir da Revolução Cubana, fato central que despertou a curiosidade do mundo pela América Latina. Ao mesmo tempo, essa curiosidade fez com que fosse descoberto que havia uma literatura nova e inovadora.

Cuba e o "caso Padilla"

García Márquez já havia passado por um processo parecido, só que com muitíssimo mais discrição, de certo desencanto com a Revolução Cubana. Ele foi trabalhar em Cuba na agência de notícias Prensa Latina com Plinio Apuleyo Mendoza, seu grande amigo. Trabalharam lá enquanto a Prensa Latina manteve certa independência em relação ao Partido Comunista. Mas o Partido Comunista, de uma maneira que não chegava à opinião pública, pôs como alvo a captura da agência. E, quando a Prensa Latina foi capturada, tanto ele como Plinio foram expurgados. Para García Márquez, deve ter sido um tremendo choque pessoal e político. Ele manteve uma discrição enorme sobre esse assunto, mas quando o conheci eu era um grande entusiasta da Revolução Cubana e ele, muito pouco. Adotava inclusive uma posição um tanto debochada, como se dissesse: "Rapazinho, espera para ver!" Era a atitude que tinha em privado, não em público. Quando aconteceu o "caso Padilla", em 1971, ele já não estava em Barcelona, não lembro se foi uma partida temporária ou definitiva, mas lembro que, quando Padilla foi preso acusado de ser um agente da CIA, nós tivemos uma reunião na minha casa de Barcelona com Juan e Luis Goytisolo, Castellet e Hans Magnus Enzensberger para elaborar uma carta de protesto contra a captura de Padilla. Nessa carta, que foi assinada por muitos intelectuais, Plinio disse que era preciso pôr o nome de García Márquez, e respondemos que seria preciso consultá-lo. Eu não podia fazer isso porque não sabia onde ele estava naquele momento, mas Plinio decidiu pôr a assinatura mesmo assim. Eu soube depois que García Márquez protestou energicamente contra Plinio. Eu não tive mais contato com ele. Depois que Padilla saiu dos calabouços, após acusarem-no e a todos os que o defenderam de serem agentes da CIA — uma coisa disparatada —, fizemos uma segunda carta de protesto, que García Márquez se negou a assinar. E a partir daí a postura de García Márquez diante de Cuba mudou totalmente: se aproximou muito, começou a ir para lá de novo — não tinha ido desde que o expurgaram — e a aparecer em fotos ao lado de Fidel Castro, a manter essa relação que manteve até o fim, de grande proximidade com a Revolução Cubana.

Amigo de Fidel Castro

Não sei exatamente o que aconteceu, depois do "caso Padilla" já não conversei mais com ele. A tese de Plinio é que, embora García Márquez soubesse que muitas coisas andavam mal em Cuba, ele tinha a ideia de que a América Latina deveria ter um futuro socialista e que fosse como fosse; mesmo que em Cuba muitas coisas não funcionassem como deveriam funcionar, Cuba era uma espécie de aríete que rompia o imobilismo histórico da América Latina, estar com a Revolução Cubana era estar a favor do futuro socialista da América Latina. Eu sou menos otimista. Creio que García Márquez tinha um senso muito prático da vida, que descobriu naquele momento fronteiriço, e se deu conta de que para um escritor era melhor estar com Cuba que contra Cuba. Livrava-se do banho de lodo que todos nós levamos ao adotarmos uma postura crítica. Se você estava com Cuba, podia fazer o que quisesse, jamais seria atacado pelo inimigo verdadeiramente perigoso para um escritor, que não é a direita, e sim a esquerda. É a esquerda que tem amplo controle da vida cultural em todas as partes, e de alguma maneira se fazer inimigo de Cuba, criticar Cuba, era arranjar um inimigo muito poderoso e, além disso, correr o risco de ter que, a todo momento, ficar se explicando, demonstrando não ser um agente da CIA, não ser nem mesmo um reacionário, um pró-imperialismo. Minha impressão é que, de alguma maneira, a amizade com Cuba e com Fidel Castro serviu de vacina para ele contra todos esses aborrecimentos e moléstias.

Cem anos de solidão

Fiquei deslumbrado com *Cem anos de solidão*. Eu tinha gostado muito dos seus livros anteriores, mas ler *Cem anos de solidão* foi uma experiência deslumbrante, me pareceu um romance magnífico, extraordinário. Assim que acabei de ler, escrevi um artigo chamado "Amadis na América". Naquela época, eu era um entusiasta dos romances de cavalaria e me pareceu que finalmente a América Latina tinha recebido seu grande romance de cavalaria, no qual prevalecia o elemento imaginário sem que desaparecesse o substrato real, histórico, social, que tinha essa mistura insólita. Essa minha impressão foi compartilhada por um público muito grande. Entre outras características, *Cem anos de solidão* tinha o ABC de poucas obras-primas, a capacidade de ser um livro cheio de atrativos para um leitor refinado, culto e exigente, ou para um leitor absolutamente elementar, que só segue a história e não se interessa pela língua nem pela estrutura. Não apenas comecei a escrever sobre a obra de García Márquez como também comecei a dar aulas sobre García Márquez. O primeiro curso que dei foi de um semestre, em Porto Rico. Depois na Inglaterra, e finalmente em Barcelona. E assim, sem que eu tivesse planejado, com o material que reuni e o que anotei nesses cursos, foi surgindo o material que culminou no livro *García Márquez: história de um deicídio*.

Gabito e o ano perdido

Sim, García Márquez leu *História de um deicídio*. E me disse que tinha o livro cheio de anotações e que ia me dar. Nunca deu. Tenho uma história curiosa sobre esse livro. Os dados biográficos me foram passados por ele, e eu acreditei. Mas, numa viagem de navio para a Europa, parei num porto colombiano, e lá estava a família inteira de García Márquez, inclusive o pai, que me perguntou: "Por que o senhor mudou a idade do Gabito?" "Eu não mudei, é a idade que ele me disse", respondi. "Não, o senhor tirou um ano, ele nasceu um ano antes." Quando cheguei em Barcelona, contei o que o seu pai tinha me dito, e ele se incomodou muito, tanto que mudei de assunto. Para García Márquez não podia existir vaidade em García Márquez.

Poeta, intelectual não

Era imensamente divertido, contava histórias maravilhosamente bem, mas não era um intelectual, funcionava mais como um artista, como um poeta, não estava em condições de explicar intelectualmente o enorme talento que tinha para escrever. Funcionava na base da intuição, instinto, palpite. Essa disposição tão extraordinária que tinha para acertar tanto com os adjetivos, com os advérbios e principalmente com a trama e com a matéria narrativa não passava por conceitualizações. Naqueles anos em que fomos tão amigos, eu tinha a sensação de que muitas vezes ele não estava consciente das coisas mágicas, milagrosas, que fazia ao compor suas histórias.

O outono do patriarca

Não gostei. Talvez seja um pouco exagerado falar desse jeito, mas me pareceu uma caricatura de García Márquez, como se ele se imitasse. O personagem não me parece crível. Os personagens de *Cem anos de solidão*, ao mesmo tempo que são desenfreados e muito além do possível, são sempre verossímeis, o romance tem a capacidade de fazer com que sejam verossímeis dentro do seu exagero. Em vez disso, o personagem do ditador me pareceu muito caricatural, um personagem que foi como uma caricatura de García Márquez. E, além do mais, acho que a prosa não funcionou. Nesse romance ele tentou um tipo de linguagem muito diferente do que havia utilizado nos romances anteriores, e não deu certo. Não era uma prosa que desse verossimilhança e persuasão à história que contava. De todos os romances que ele escreveu, esse me parece o mais fraco.

O poder

García Márquez tinha um fascínio imenso pelos homens poderosos, e seu fascínio era não só literário mas também vital. Um homem capaz de mudar as coisas pelo poder que tinha lhe parecia uma figura enormemente atrativa, fascinante. Ele se identificava muitíssimo com poderosos que tinham mudado seu entorno graças ao seu poder, no bom sentido e também no mau sentido. Acho que um personagem como o traficante Chapo Guzmán teria fascinado García Márquez, inventar um personagem como ele ou como Pablo Escobar seria tão absolutamente fascinante — eu tenho certeza — quanto Fidel Castro ou Omar Torrijos.

O futuro

García Márquez será recordado apenas por Cem anos de solidão *ou também sobreviverão seus outros contos e romances?*

Isso não podemos saber, lamentavelmente. Não sabemos o que vai acontecer dentro de cinquenta anos com os romances dos escritores latino-americanos, é impossível saber. Há muitos fatores que intervêm nas modas literárias. Creio que o que se pode dizer de *Cem anos de solidão* é que vai ficar. Pode ser que aconteçam longos períodos em que seja esquecida, mas em algum momento essa obra ressuscitará e tornará a ter a vida que os leitores dão a um livro literário. Nessa obra há riqueza suficiente para nos dar essa certeza. Esse é o segredo que têm as obras-primas. Ali estão, podem ficar enterradas, mas apenas provisoriamente, porque num dado momento alguma coisa faz com que essas obras tornem a falar com um público e enriquecê-lo com aquilo que, no passado, enriqueceu os seus leitores.

Ruptura

Você tornou a ver García Márquez?

Não, nunca mais... Estamos entrando num terreno perigoso, acho que chegou o momento de terminarmos nossa conversa. [Risos]

Como você recebeu a notícia da morte de García Márquez?

Com tristeza, claro. É uma época que termina, como com a morte de Fuentes e Cortázar. Eram magníficos escritores, e além disso foram grandes amigos, e isso no momento em que a América Latina chamou a atenção do mundo inteiro. Como escritores, vivemos um período em que a literatura latino-americana era uma credencial positiva. Descobrir que de repente sou o último sobrevivente dessa geração e o último que pode falar na primeira pessoa dessa experiência é algo triste.

Gabriel García Márquez e Mario Vargas Llosa no auditório da Faculdade de Arquitetura da Universidade Nacional de Engenharia. À extrema esquerda, o poeta Emilio Adolfo Westphalen. Lima, 5 de setembro de 1967.

Gabriel García Márquez e Mario Vargas Llosa na Universidade Nacional de Engenharia. É possível distinguir o rosto de José Miguel Oviedo. Lima, 7 de setembro de 1967.

Gabriel García Márquez na Universidade Nacional de Engenharia. Lima, 7 de setembro de 1967.

García Márquez autografando um livro na parte externa da Faculdade de Arquitetura. Lima, 7 de setembro de 1967.

Fernando de Szyszlo, Mercedes Barcha, Gabriel García Márquez e Patricia Llosa na Casa Agurto. Lima, 8 de setembro de 1967.

Gabriel García Márquez e Mario Vargas Llosa na Casa Agurto. Lima, 8 de setembro de 1967.

A despedida. Gabriel García Márquez, Mario Vargas Llosa, Martha Livelli, Mercedes Barcha e José Miguel Oviedo no Aeroporto Jorge Chávez. Lima, 11 de setembro de 1967.

Este livro foi composto na tipografia ITC Berkeley Oldstyle Std, em corpo 12/15,5, e impresso em papel off-white no Sistema Cameron da Divisão Gráfica da Distribuidora Record.